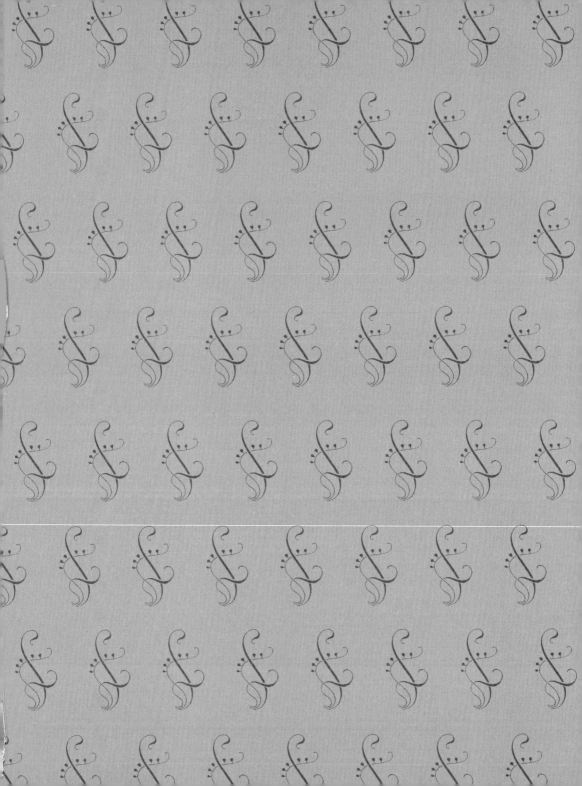

Woman's Emotional Game

情緒遊戲

總以為婚後就能幸福快樂的生活
結果卻踏進名為「家」的另一個牢籠，
被情緒噴火龍燒成黃臉婆！
女人，總是被愛情、親子、婆媳張力中的情緒綑綁
該怎麼自解縛索，讓惱人情緒變成掌中的遊戲？

張瀞文——著

國家圖書館出版品預行編目資料

情緒遊戲 / 張瀞文著
一初版一台北市：佳赫文化行銷，2009.05
面；16.5X21.5公分

ISBN : 978-986-6620-32-4 (平裝)
1.女性心理學 2.情緒管理

173.31 98002972

情緒遊戲

作　　者：張瀞文
總 編 輯：許汝紘
主　　編：黃心宜
特約編輯：莊富雅
美術編輯：簡華儀

發　　行：楊伯江、許麗雪
出　　版：佳赫文化行銷有限公司
地　　址：10696台北市大安區忠孝東路四段341號11樓之3
電　　話：(02) 2740-3939
傳　　真：(02) 2777-1413
網　　站：http://www.cultuspeak.com.tw
E-Mail：cultuspeak@cultuspeak.com.tw
郵撥帳號：50040687 信實文化行銷有限公司

印刷：漾格科技股份有限公司
地址：台北市中正區牯嶺街53號1樓　　電話：(02) 2391-5059
總經銷：時報文化出版企業股份有限公司
地址：台北縣中和市連城路134巷16號　　電話：(02) 2306-6842

2009年5月初版一刷
定價：新台幣300元

情緒遊戲

contents

出版序

心靈療傷運動儼然成行

生命是什麼？生活又是什麼？

在一個混亂的世紀裡，許多人都在庸庸碌碌的忙碌生活中，迷失了自己。

當「活在焦慮中」成了現代人的無奈時，將心靈的空虛寄託在宗教裡，成了當今的顯學。追求心靈的純淨與提昇，更成了現代人茶餘飯後重要的話題。這股影響力無比龐大的心靈療傷運動，讓許多活在挫折中心靈受傷、心靈空虛的人們，非常興奮。於是，各式各樣的靈療方法，在短短幾年內如雨後春筍般，應運而生，新的瘋靈療運動，更讓許多人趨之若鶩。隨著各種宗教派別的彰顯、五花八門的禪修課程、各式各樣養身氣功的出現、新時代運動的崛起、宇宙能量的開發與運用……紛紛出籠，無非就是要求得焦慮生活中，片刻心靈的安慰與平靜。

《情緒遊戲》是瀞文五年來，在身心靈諮商這塊領域中的心得與體悟，一篇篇的短文，都能看見一位新時代的女性，在生命的開悟當中，省思、前進、回饋、頓悟的堅持與勇氣。雖然現在她定居砂嶗越，但在靈性的成長與心理諮商的領域中，依然孜孜矻矻、勇往直前。讀者必定能從字裡行間，獲得許多體會與感動。

《情緒遊戲》這本書是她今年繼《女巫的12面情緒魔鏡》之後，在高談文化集團，出版的第二本書，另一本《身心靈合一芳香療法之神聖精油：第一部》也即將問世。每年她都會抽空回台灣與朋友相聚，但更多的時間則留給等待與她面對面諮商的人。他們總是癡癡地等著每年二次難得的機會。這二年來，瀞文專注於在中醫針灸及芳療精油的研究，期待能給她的朋友更多的心靈協助，與身體健康的改善。

但無論如何，每一個人走到了生命的某個交叉點，都應該回過頭去審視自己的生命過程。就如同《論語》〈學而篇〉中，曾子說的：「吾日三省吾身：為人謀而不忠乎？與朋友交而不信乎？傳不習乎？」；或者為政篇中孔子告訴人們的，他的人生規劃準則：「……三十而立，四十而不惑，五十而知天命，六十而耳順，七十而從心所欲，不逾矩。」當我們都能每日，或每十年回過頭去省視自己，並且前瞻未來時，就會懂得覺知生命的價值與意義。

心靈書系的誕生，衍生自環保與生活兩大書系。心靈不平靜，如何關懷我們生活的環境品質？心靈不健康，又如何能享受生活美學的優雅與快樂？期待每一本關於心靈成長與改變的書籍出版時，都能帶給讀者新的思維與體會。當生命陷落，需要支持與幫忙的關鍵時刻，每一個人都可以找到正確的方法，遇見適合自己的心靈導師。

華滋出版總編輯　許汝紘

自我培力，又一村

從事婦運和性別平權運動超過二十年，收穫之一是結識了好多個性鮮明、生活精彩，又深具生命力的女性朋友。瀞文便是其一。

一九九六年我寫了一本《不再模範的母親》，從自身經驗出發檢視傳統文化加諸女性身上的「模範母親」桎梏。一天，接到一通電話，來電者說她以這本書帶領某個社區婦女讀書會，打算將過程寫成碩士論文，問可不可以跟我見個面聊一聊。我們相約在住家附近的百貨公司，見了面我才發現，瀞文這個研究生不但正準備寫論文，還挺個大肚子即將當媽媽。或許是對女性議題的關切，或許是母親這個共同身份，當然更可能是骨子裡都有的叛逆性格，我們一見如故，聊得盡興開心，自此成為交往超過十年的朋友。

十多年間的前半段，瀞文經歷了如同許多傳統女性和她筆下不少女性的婚姻歷程：婆媳問題嚴重，在夫家毫無地位、不被尊重等等。可嘆的是，結褵的那人對她的處境非但無所悉，也未曾盡一點心力。因為這樣，即使後來有機會脫離夫家，在中國過小家庭生活，瀞文還是孤單一人，異地的窒息感，只更雪上加霜。為了拯救自己和甫出世的兒子，瀞文勇敢脫困，回到台灣，一切從頭開始。對許多人來說，這或許是不堪回首的往事，瀞文卻在本書中坦然分享。

後半段期間，瀞文自力更生，她所帶領的專業成長課程頗受歡迎，逐漸建立出口碑，她也陸續將之一一化為文字，出版成書，提供更多讀者參照學習。就在生活逐步上軌道之時，瀞文又為自己的人生做了一個大決定——再婚並移居馬來西亞。近幾年，瀞文長住馬來西亞，每年除定期回台灣授課外，更積極投入寫作，至今已累積不少作品，包括這一本。

瀞文十多年來的人生，體現的正是女性自我培力之後，為自己的人生創造出的「柳暗花明又一村」境界。

人生難免困頓低潮，對女性而言，婚姻經常是主因。可惜的是，許多女性被傳統束縛得太深，難以自拔，委屈哀怨過了一生。瀞文卻不甘如此，雖也曾吃苦受挫，卻總在即將溺斃時，奮力讓自己浮游出水面，再憑藉一股生命力，不斷為自己創造新的可能。

在本書中，瀞文穿插了許多自己的生命故事，揭露自我需要很大的勇氣，我相信這是她有意的安排，她以現身說法拉平「老師／學生」、「作者／讀者」之間的關係，具體實踐著彼此分享和平等互動，如同她一向努力的親子與配偶關係一樣。人與人之間本來不就該如此嗎？！

有人或許會說，瀞文筆下的女性多屬中老年，這樣的故事是不是已過時，不再是目前台灣社會普遍的寫照了？對此，我其實並不敢太樂觀。

根據統計，台灣就讀碩士、博士的女性是有逐年成長，女性就業率也緩步提升，女性愈來愈晚婚，生育率則不斷下降，這些似乎已勾勒出不同的女性圖像。但同時，台灣三歲以下的幼兒仍是由母親照顧最多，家事也還是女性做得多，女性壽命長但老年處境堪慮，更別提遭受家暴的女性受害者了。

因此，女性的成長和自我培力當然還是必要的。制度面需要大力改善，但女性的人生是否擁有「柳暗花明又一村」的本事，自主權有相當程度掌握在自己的手中。瀞文的人生和她的書，是很好的見證。

蘇芊玲

（銘傳大學通識教育中心副教授，曾任婦女新知基金會董事長、台灣性別平等教育協會理事長）

推薦序

說不出口的愛

人生下來後，會被放進一個人際關係網絡中的適當位置，做了歸類。父親、母親、丈夫及妻子，都是倫理的歸類。倫理不總是那麼美好，倫理缺憾的那個部分，往往是困擾生活的一個重要議題。

閱讀瀞文的新書《情緒遊戲》，書中的人物幾乎是身邊熟悉場景，故事中人物可能是你、我、他的現實遭遇。有成年子女和父母的糾結，還有眾多女性感同身受的婆媳問題，婚姻衍生出來的姻親關係，在東方社會裡，成為女性揮之不去的包袱及夢魘。

書中的很多故事，其實都有相同的主題——「倫理的糾結，在現實生活中帶來人們身心的困擾。」有時候，人們礙於現況無法把行為合理化，只能抱怨，不停的抱怨，把抱怨變成倫理的一部分。

書中人物有些認同了抱怨的角色，很多婆媳幾乎用一輩子的時間，在家庭的場景裡，扮演抱怨的角色。

我曾經上過心靈成長的課程，「我愛你」是課堂上必需學習的稱呼語，我們可以對課堂上陌生人毫不忸怩的擁抱，回到家卻羞於向家中最親近的長輩說聲「我愛你」。

有位同期上心靈成長課的朋友，課程結束後，立刻回家向媽媽說「媽，對不起。」他的年老母親聽了之後並沒有很意外的表情，母親的反應倒讓這位朋友「很意外」。

這本書中有很多是以作者的生活藍圖為縮影，瀞文是婚姻及心理諮商專家，同時也寫了不少專業的心理成長書籍；在她生花妙筆下，每個故事讀起來都生動有畫面。誠如作者所言：「大部分女人會遇到的痛苦，我不用啟動同理心訓練操作規則，就馬上100%理解她們的痛苦。一個成年女人會遇到到糟糕命運，我幾乎都也沒漏掉，所以號稱生命與專業資歷皆完美。」

原生家庭應該是最親密的組織，但親人間的碎碎唸、不耐煩、缺少真心溝通，卻讓彼此關係蒙塵。作者在經過多年努力後，透過有效的方法，將她原生家庭由不安已經逐漸澄清，這需要相當程度的智慧及功力。感謝作者的真心分享，讓我們對家人的愛，不再埋藏在心，而是用愛的方式說出來。

我們都希望有一個了解自己的父母，也期許自己當個了解孩子的父母，問題是這世界上具有了解性的人太少。放下我們的認為吧！事業是作為，為人子女是修為。老天爺安排這樣的父母，是讓子女經歷所有的發生，在過程中繼續學習。

你要選擇面對問題，解決問題，還是要選擇抱怨？終其一生在抱怨中度過？

這本《情緒遊戲》應該有你希望得到的答案。

劉彩轉
台灣空運運輸事業副總經理

推薦序

幻化文字魔杖的四月女巫

女巫，在不同歷史情境脈絡中，代表著不同的身分語藝。

童話故事中的女巫，拿著掃帚上天入地，煮著巫婆湯，張嘴對著小孩獰笑……電影中的女巫，全身雪白無瑕，駕著白馬車，誘拐男孩吃下巧克力，自此掌控他的心智……還有一種懂得草藥、生育、治病占卜知識的女巫，扮演著醫師、巫師的角色，其擁有的神祕力量令男性主政的宗教掌權者恐懼，視之為魔鬼的同路人，因而展開歐洲十一世紀中至十八世紀末，歷時數百年的獵捕女巫行動，五至十萬人因莫須有罪名處以火刑或極刑……

對許多讀著來說，「獵殺女巫」可能僅是西方歷史的片斷，近代科學如此發達，善於巫術的妖女恐怕也是鄉野軼談……問題是，女巫真的消失了嗎？隨著時空推演，有智慧、獨立、內在力量強大的女性依然存在，可是追殺女巫的行動已轉化為更幽微的方式，例如台灣早期法律規範剝奪財產權、子女監護權，雖然現在民法的平權精神已經注入，但妻子和孩子在現實生活中，仍被視為夫家的財產；還有禁孕的職場歧視，乃至遭受家庭暴力、性侵害……，依舊禁錮著女性的身心靈，構成現代版的斑斑血淚女巫史。

雖然現在已經不以女巫自稱，但有好長一段時間，瀞文自稱為四月女巫。四月出生的她，深刻理解中世紀女巫為男性宰制社會體制下的犧牲品，她們是一群沒有形貌、史料記載十分有限的集合體；現代女巫不同，她以大量文字留下女性遭受各種種族族群、階級和性別歧視的活生生案例，透過書寫彰顯女性經驗，以對抗這個限制女性生活和機會的男性中心的社會系統。

本書裡的諸多故事，有的是瀞文慘痛的親身經歷，有的則是週遭親友或個案的生命經驗，不少文章曾刊載於網氏／罔市女性電子報的「女巫散記」專欄，我作為編者，也是瀞文文章的第一位讀者，一路相互扶持，看著她不斷突破自我，成長茁壯，一本本創作誕生，不禁時常為她欣喜鼓掌。

為撰寫這篇書序，重新線上瀏覽從二〇〇三年在網氏／罔市女性電子報持續累積下來的文字，再次折服於瀞文的創造力及生命力，以及洞察人情世事的敏銳力，無論是婆媳、夫妻、親子……在關係中的當事人不免上演種種情緒衝突與猜疑等等錯綜複雜心情，經由瀞文抽絲剝繭地探究其中的哲理與其因應之道，使人豁然開朗，重新燃起對未來的希望。

許多姊妹離婚前後，內心的痛苦、掙扎往往難以筆墨形容，攬閱瀞文提供的「妙招」，多篇談及如何回應離婚時與丈夫、夫家人的關係，讓情緒不受干擾，也不致影響身心健康，令人不得不驚嘆這個再世女巫，已練就一身絕技，任憑父權壓迫也侵犯不了她。如她所言：「若是時時以正念觀照每個念頭與情緒，身體就不必作情緒的替罪羔羊了……」

《情緒遊戲》不僅是讓人悠遊於人際情緒王國的遊戲書，也是化解個人情緒的魔法書，瀞文做到了，相信您也可以的。

江妙瑩

網氏／罔市女性電子報主編

情緒遊戲自序

以前是女巫，現在不是了！

先不說這本書，先來說說，啥是女巫？女巫又是啥子？以又前為什麼是女巫？

這些問題的揭露將從以下這則部落格回應說起：「老師：您對家人的問題都是自己當下去面對，從不靠通靈能力嗎？您不會從令尊與孫子，及令弟的前世糾葛去看問題嗎？我相信有些人找您諮商時會期待您從玄學角度對家人關係進行解釋，因為您不是一般人，您是女巫呀！」

如果來諮商的個案，只想問我前世因果等所謂的「玄學」（我認定的玄學並不是去問前世糾葛這種事情，如果是這樣而已，玄學就太膚淺了！）我會馬上請他離開，我不做這種個案，因此他的期待會落空，而我根本不必就此為他解釋。

我很跩，是吧？覺得是，我也無所謂，有人留言說，「老實說剛開始覺得您好像很自大，覺得好像不是個容易相處的人，但又覺得很好奇，這樣的人要如何作心理諮詢？」

這些話顯現了大家對身心靈療癒者的迷思。

做人與說話都要很溫柔典雅，婚姻與家庭要很完美，應對進退與穿著打扮要中規中矩，說話要輕聲細語且超有氣質，千萬不可以給人家知道自己的生活上也有很多問題要處理喔～～不可以給個案知道自己也會跟先生大吼大叫～～也會修理小孩喔～～也會跟父母生氣喔～～一定要有無盡的愛，給不完的關懷，一定要表現出自己一切都很完美無缺，甚至要假裝原生家庭也是完美無缺的，時時表現出自己是完全包容、毫不計較與永遠寬恕，隨時都是心平氣和，最重要的是千萬千萬不可以有情緒哦，不可以生氣，只可以悲天憫人～～。對了，若是加上又熱中於宗教的修持，那更慘，簡直是非得變成維納斯雕像不可！（既完美又殘缺！）

唉呀！我要是讓自己變成那樣，就等於先殺死自己了，如何服務大眾呢？

不只大眾對身心靈療癒者、心理治療師與社工師有此期待，此類的專業工作者對自己也是如此要求，也時時恐懼著自己是不是這麼完美無缺？個案是不是會認為自己不夠充滿無私的愛？（是否天天背誦愛的真諦鞭策自己？）若是通靈的療癒者更加擔心個案知道，自己的功力在大宇宙中也是有未逮之處，也有看不到抓不到的靈……。

某些助人工作者最大的障礙不是專業能力的精進，亦非個案難做，更非督導難纏，而是一直努力把自己塞進完美無缺或宇宙無敵的框框內，不敢面對與表現真實而有進步空間的自我，最終困境就是能量越來越疲軟，面具越戴越巨大，難以發展本我本自含藏的高階力量。

以前稱自己是四月女巫不過是個方便的名號（就是因為名字電腦打不出來，又很愛看《哈利波特》嘛！），所有已婚女人要做的事情，我都必須要做（帶孩子、煮飯、洗衣、洗廁所……），她們可能面對的問題，我也是要面對，我當然是一般人，「因為，您不是一般人，您是女巫呀！」這種期待真是太離譜了！不過有些所謂的靈療者或助人工作者就喜歡聽這種話：「您不是一般人」，這話聽了實在太爽了，我執、我慢，滿天飛舞，以為自己已經成仙成佛了。但是我每次聽到這種話就如五雷轟頂，深自警惕，馬上否認。

家庭主婦做的工作我都包（因為沒錢請佣人，也沒有媽媽婆婆在身邊幫忙），專業女性需要的努力與成就，我也做到足（因為需要養活自己，只能拚命求上進），不是我愛逞強，而是以前命真的不太好，所有古代女人遭遇的性別歧視待遇，我都遇到過，所以囉！大部分女人會遇到的痛苦，我不用啟動同理心訓練操作規則，就馬上100％理解她們的痛苦。一個成年女人會遇到到糟糕命運，我幾乎都也沒漏掉，所以號稱生命與專業資歷皆完美，連婚都比人家多結一次，這是我唯一可稱上完美之處。

然而此完美資歷並不令我自豪，我唯一自豪之處只有——我總是勇敢面對命運，從不逃避命運的挑戰，從不偽裝自己，從不欺騙自己，更從不在個案面前偽裝與欺騙，從不怕別人知道我的真實面目。

我不是來自完美家庭，沒有完美的人生經驗，不是天生好命，更沒有天生的智慧，只有不斷面對生命挑戰的開放態度與勇敢力量，以及不懈怠的持續學習。

生命中根本就沒啥子永恆不變的幸福！生命中有的不過是不斷迎面而來的挑戰與難題，這是生命的常態，平靜無波的生命才是異態。我們所遇到最難的挑戰，根源大多來自原生家庭，原生家庭跟我們玩的情緒遊戲是千變萬化，而且將延展到成年生活中的愛情、婚姻與事業，更延伸到我們的孩子身上。

所謂原生家庭的家人，不管是活著或是已過世，大多不是有著高段愛人與溝通能力的人，事實上大多是一群被情執所困的冤家，我們被他們的愛恨困住，也用我們的情愁困住他們。

在華人的家庭社會結構中，彼此糾結縛綁最緊的是父母與子女，特別是父系價值體系中的重男輕女觀念。執行此價值的教養原則，更是細密而堅韌地糾結在家族成員的命運之中。

千萬不要說現在這個時代怎麼還會重男輕女！當然會，這是五千年中華文化的精髓之一，不可能消失的，只會在時間的流動中，變得更加細微與精緻地隱身在所謂男女平等的假象中。

細心的讀者將發現我在這本書中以不同故事深度剖析華人扭曲的性別觀念，與家庭價值觀所衍生種種家庭問題，並提出解決之道。

這些故事以成年子女與老年父母的故事來呈現，也以婆媳等姻親關係的故事來鋪陳，也以中老年夫妻的關係來陳述。有些是以我個人的第一人稱書寫，也就是直接寫我的故事。其實很多故事的藍圖都是以我家老爸老媽、以及我在前夫家的遭遇為起點，只有少數是個案的故事。

短短的故事，濃縮著每個家庭都可能演出的戲碼，一開始可能都是令人心痛，但最後都因為改變想法與行為而轉化了僵局。

故事中的問題解決之道都是我曾經用過而且有效的。因為這些年的努力，也感謝佛菩薩教導的智慧，我那混濁不安的原生家庭已經逐漸澄清，愛開始可用「愛」的方式說出來，彼此互相傷害的場次漸漸減少。

情緒遊戲本來交織著淚水、憤怒與悲苦，我不是用魔法與神通化解我自己、家人與眾生的痛苦，而是從愛的身、口、意下手，調整愛的方式，讓愛不再用「不愛」的行為去顯現，讓愛不再用「不愛」的話語去表達，讓愛不再用「不愛」的情緒去宣洩，讓愛只使用「愛」的身、口、意去給予與接受，這就是愛的情緒遊戲。

本書所集結的文章大多寫於二〇〇三年至二〇〇七年間，都是四月女巫時代累積的文章。我從二〇〇九年四月十二日起，已經不再用四月女巫的名稱，而以**Lunar Ghanta** 作為部落格上之暱稱，意為月之金鋼鈴。有任何分享與指教，請上我的部落格**OMaroma**身心靈合一學院去留言**http：//tw.myblog.yahoo.com/witch-april/**。

Lunar Ghanta **張瀞文**

二〇〇九年三月于古晉 雲山小築書房

Woman's Emotional Game

情緒遊戲

part 1

What I Want to Say

女巫散記

媽媽的套子與爸爸的套子

某一天傍晚，古晉的天空依舊美麗，陽光稍歇，氣溫正好，我正在廚房準備晚餐，爸比在客廳裡摺著曬得充滿陽光香氣的衣服，兒子跑來跑去一邊鬼叫搞怪，一邊拿起媽媽的胸罩，對著爸比說：「這是媽咪的**nene**套耶！」在胸前比劃一番，一邊又將胸罩套在頭上，搞怪的樣子令人噴飯，讓爸比也樂不可支！

此時爸比一時興起想捉弄一下這個鬼靈精怪的寶貝，挑著眉毛問兒子：「女生有**nene**套，那男人有沒有**nene**套？」

兒子睜著大眼睛，笑著更加詭異，「男生沒有**nene**套，但是男生也有男生戴的套套！」

這下倒是挑起爸比的真正興趣了！他心想，這小子鬼點子一堆，不知道又賣什麼膏藥？

「男生有什麼套套？爸比怎麼不知道？你說說看！」

兒子一臉「你是大人怎麼會不知道」的表情，「男生有雞雞套啊！戴在雞雞外面，就不會生小**baby**！」一邊指著他自己的隱私處，說完甚是得意！

這時候，爸比有一個表情，很難用文字描述，爸比的心情充滿驚奇，但只能哈哈大笑說句「這小子！」

這段畫面應該可以拿來作成保險套廣告創意，一定可以得獎的！在廣告尚未拍出來之前，只有請各位運用豐富的想像力，將上述文字影像化！

爸比摺好衣服，迫不及待跑到廚房與我分享整個過程，但是分享不是主要重點，他很奇怪這孩子怎麼會知道保險套這回事，一定是媽咪教的，到底是怎麼教的？

女巫媽媽教出鬼怪孩子，這是再平常不過的了，完全不需要大驚小怪！不過女巫媽媽也不會沒事去跟孩子說保險套怎麼用，這也是鬼怪兒子自己搞出來的問題！

話說某一天，大約是兒子四歲多，我們母子還住在台北，爸比還在遙遠的泰緬邊境工作，那時還是阿財叔叔。

那天我們從捷運站出來，走進了屈臣氏，弟弟注意到一籃繪有一個卡通人物的盒子，他以為是糖果，問我可不可以買那個？我一看，嘿嘿！那是保險套，就跟兒子說：「那不是吃的，是用的！」

兒子才四歲，就被我教成對新事物永不死心的德性，他問：「不能吃，那是什麼東西？」我說：「是大人用的東西，我們家不需要，是男生用的。」我以為可以就此打住，兒子接著又問：「是作什麼用的？」

這時候我們已經一邊走向櫃檯，準備去結帳，我心裡想，真是自作孽不可活，其他的孩子早就閉嘴了，這小子還繼續問到底！於是小聲說：「回家後，媽咪再告訴你！」但是，看起來這個說辭讓他不甚滿意。

我運氣實在不太好，櫃檯已經排了好些人，而且這個牌子的保險套大概是正在促銷，櫃檯下的貨架竟然也有一堆，高度剛好又在兒子的眼前，在等待的時刻中，這堆保險套填補了小孩子的無聊，他指著保險套，大聲地說：「媽咪，用了那個是不是會變的更強壯！像圖上的卡通一樣！」說完就模仿了那個卡通人物，弓起手臂肌肉，作出大力水手的樣子。

我的媽呀！這小子！我彎下腰，在他耳邊小聲地說：「回去再告訴你，好不好？」兒子露出狡獪的表情，他似乎知道自己把媽媽問倒了，開始想捉弄我，「為什麼不能現在說？你現在就告訴我！」他更大聲地問。

「回去再說啦！」我像作賊一樣，想制止他。

旁邊有人在竊笑，還有人故意停留在附近，想聽接下去會如何，似乎已經有人潮聚集了！我心裡暗罵，前面的第一個人怎麼到現在還沒結好帳，結帳台怎麼只有一個人，如果可以早早結好帳，早閃人，就不用惹這麻煩了！

「媽咪，你快說用這個是不是會變的很強壯啦！這個可不可以買來玩？」兒子又拉著我的衣服大聲說，「為什麼畫一個辣椒，是不是會很辣？」

我的天啊！「小孩子不可以買啦！」我又彎下腰，對他小聲地說。

「為什麼小孩子不可以買？你不是說這是男生用的嗎？我是男生啊！」兒子說完，已經有人在旁邊笑出聲音了，我也忍不住笑出來，但是我的笑裡有點辛苦！然後我就決定，不再回答他任何問題，兒子看見旁邊諸多大人的表情，而且自己問倒了媽咪，一副得意的樣子！

好不容易，我們母子倆終於走出了屈臣氏，搭上公車回家，一路上他還問個不停，自己想好了答案來問我對或是不對，我疲於回答是或是不是，一邊思考著回家後如何給他一個不偏離事實，又可以讓這個年紀的孩子正確理解的說法。

一踏進家門，他就說：「媽咪可以說了嗎？」今晚對他來說，真是太刺激興奮了！「好啦，洗澡的時候慢慢說。」

「那個東西，叫做保險套……」

「我已經知道了啦！」他很猴急喔！

我想吊他胃口，報一點小仇，「你知道，保險套是套在哪裡嗎？」兒子用期待的眼神看著我，我故意等抹完沐浴乳才慢慢問他：「女生有沒有雞雞？」

「沒有！女生有小妞妞，沒有小雞雞。」

我就指著他的小雞雞，「保險套就是套在雞雞上的，但是只有長大的男生才可以用，也就是說大雞雞才可以用。」您瞧！我用了雙關語，等他真正長大就會突然懂了，因為現在他也不會了解什麼叫做陰莖勃起，我也不想說得太仔細。

「用了就會很強壯嗎？」兒子實在是深受盒子上的圖片所吸引。

「不一定會變得很強壯……」我說。

兒子不相信，「那為什麼要畫一個很強壯的人？」

「在盒子外面的不是一個人，是把一個保險套畫成一個強壯的人的樣子而已！那是廣告而已。」兒子一聽，開始回想那個盒子，似乎同意我的說法。

「那為什麼大雞雞要戴上保險套？平常都要戴著嗎？」

「當然不是！是為了不讓小baby生出來的時候才戴的！」兒子聽了又露出困惑的表情，我知道這部分是最難講清楚的。

「你知道小baby是怎麼有的嗎？」兒子很期待的樣子，「就是爸爸的精子與媽媽的卵子遇到了，就會變成baby的胚胎……」他一臉用力想懂的樣子，「爸爸的精子就像一隻很小的蟲蟲，從大雞雞裡游出來，經過媽媽的陰道，跟媽媽肚子裡的小小蛋蛋遇見了，就變成一個細胞……」

兒子興奮地說：「就像魔法校車裡面捲髮佛老師說的細胞，對不對！」他的反應害我越來越得意，巴不得當場就有觀眾為我們鼓掌。

「對！小小的細胞就是受精卵，在媽媽子宮裡慢慢長大就變成小嬰兒，成熟後就可以從陰道生出來了，就像你一樣。」我心裡也同時在念著阿彌陀佛，祈禱他不要問：「那蟲蟲在爸爸那邊怎會遇到媽媽那邊的蛋蛋？」

「子宮就是小baby住的地方嗎？」

「對啊！」

「如果爸爸的大雞雞戴著保險套，蟲蟲就跑不出去，就不會有小baby了！對不對，媽咪！」

「答對了！」我還是在禱告著，希望保險套事件到此為止。

「耶！」兒子很高興，似乎很滿意得到的答案。

好不容易洗完澡，我也鬆了一口氣，穿衣服時他又問：「為什麼盒子上面畫著辣椒？套在雞雞上，雞雞會不會很辣？」他做出一種吃到很辣東西的表情！

「我也不知道，下次阿財叔叔來，你叫他試試看，再告訴你囉！」兒子笑著點點頭。

穿好衣服之後，他突然很認真地跟我說：「你去泰國找阿財叔叔的時候，要叫阿財叔叔記得戴保險套，你們不可以再生小baby喔！」他手插著腰，很認真地交代我！我聽了，笑到腰直不起來，兒子覺得我對他的提醒沒有表現出嚴肅的回應，就說：「如果你們再生小baby，我就要離家出走！」

不過兒子早就改口了，現在總是用同樣認真的語氣，催促地問：「你們到底什麼時候要生一個妹妹給我？」

爸媽，請相信我

圓滿的愛必然是以「相信」做為送出愛的容器，「相信」讓愛在傳送時，沒有漏失與殘缺；「不相信」是一個殘缺的容器，以「不相信」做為送出愛的容器，愛也將受到汙染，並且遺失了最美好的部分。

如果你身為父母，當你對孩子表達愛的時候，是帶著相信？還是不相信？

若總是擔憂著孩子，不相信孩子的可能性就會高一點。

嬰兒時期過度擔憂他吃不夠多，可能發育不良！上學後，總是擔心他功課不夠好，幻想孩子可能變成沒出息的人！交朋友談戀愛的時候，總是懷疑他會被欺騙感情，被愛人欺負！他短暫失業，總是不能自我控制，去幻想孩子將永遠沒有工作，擔憂到日日唉聲嘆氣又垂淚！

過度擔憂的父母，是因為他們難以相信孩子能夠幸福又成功地活著，父母給孩子的依靠是虛弱的，又充斥著假想的危險，孩子無奈地必須不安地活著，因為父母也是搖擺不安的，不安的父母傾向於控制孩子的每個舉動，以消滅自己的恐懼，以掌控孩子來打壓自己的不相信。

若是父母要求孩子的每個動作與選擇都必須依照父母的指示，父母對孩子的相信也是微量的。有趣的是，如果不能相信孩子，又如何能讓他甘心依照你的指示一步一口令呢？結果常常是你需要下十個口令，才能逼他做出一個，甚至半個動作！

不相信孩子，似乎是很多父母不自覺的習慣，當然，這習慣也是他們的父母種下的種子；不能相信孩子的父母，其真相是不能相信自己，他們所養出的孩子也不能相信自己，所以待其子女長大成為父母之後，也傳承了不能相信自己孩子的習慣。

或者，可以說這就是家族代代相傳的業力。

不被父母相信的孩子，能夠帶著紮實的自信與父母互動嗎？

他難以帶著自信去孝順的！他將帶著戒慎的恐懼與壓抑的憤怒，去履行孝順的「義務」，他的孝順其實只有一個目的，就是得到父母的相信，進而才能夠肯定自己；然而，不相信孩子的父母，不管孩子長到幾歲，依舊是以不相信來愛孩子，以挑剔與唱衰來回報孩子苦著心送出的孝順，這些孩子對父母都充滿了疑問：「為何我總不能取悅你？為什麼你總是覺得我一定不能，總是要唱衰我？你為什麼不能相信我『能夠』呢？」

父母與孩子其實都不能明白，他們之間就是少了相信，有了相信，才有信任與肯定，愛才能溫暖流動。

不相信與相信都是因，有因就會有果，被怨嘆的都是那些果，卻沒有人深思更加重要的因。

不相信的第一層果，就發生在你對孩子所說的話裡面，不相信充滿在日常對話裡頭，像「我就知道你一定不會……！」、「你這個人就是這麼沒用……」之類的。

第二層的果，顯現在孩子對你的刻意疏離與情緒，甚至你感受到孩子對你的鄙夷與隱瞞，因為你的不相信，讓他覺得是你先鄙夷了他，他不過是衷心向父母學習罷了！因為你對他的不相信，所以跟你多說也無用，所以就關上嘴巴，除非不得已盡量避免溝通（不得已，通常是沒錢花的時候）。

第三層的果，報應在他變成成人之後，也就是你開始期待他孝順你的時候。父母越能夠相信孩子，孩子給出的孝順果實就越甜美，反之呢？或許你現在正嘗著不相信孩子的果實，苦嗎？澀嗎？什麼時候開始相信你的孩子都來得及，相信是一種愛，孩子很快回報你充滿相信的愛，那就是讓你安心順意的孝順。

關心中的悲慘幻想

三歲的小敏開始上學了！大清早喜美揹著剛滿週歲的小剛，緊緊張張地將小敏帶去幼稚園，沿路叨叨念念著：「要聽話！要守規矩！不可以亂講話，老師會打打喔……」

結果，遠遠看到幼稚園大門，小敏就出現抗拒反應，開始拉扯媽媽，不願意向前走，喜美越發緊張，又是威脅、又是利誘，小敏卻大哭起來！最後老師勉強答應讓喜美與小剛，跟著小敏一起待在教室內，表面上是陪著上課，等下老師打暗號就得悄悄溜走。

然而，都已經一個星期了，天天早上仍然上演同樣的戲碼，奇怪的是，聽老師說，媽媽走了之後，小敏就表現得很好，而且下課去接她，小敏都賴著不走，看起來很開心的樣子。

在家中照顧小剛的喜美，可是一點都不好。

原本以為小敏去上學，自己可以鬆一口氣，偷空看個書或是影片，不必整天以孩子為中心，沒想到自己的靈魂竟然像是忘記在幼稚園裡，人回家了，卻整天掛記著小敏，想著她是不是沒吃飽？中午有沒睡飽？不知道老師會不會幫她擦鼻涕、擦屁股？可能被老師忽略？會不會被不當對待？

中午看電視，報導幼稚園老師虐待孩子，給孩子吃過期的食物，喜美看著看著馬上坐立難安，難忍即刻去將小敏帶回家的衝動！腦袋已經出現小敏身上有瘀傷，中毒進醫院的幻想……礙於小剛在午睡，她只能打電話去幼稚園，結果當然是一切都好囉！

喜美呆坐在電話旁，思索著自己為何這麼牽掛著孩子？為何這些牽掛都是負面的畫面？想著、想著，媽媽打電話來。

「阿美，小敏去讀冊有被傳染沒？」

喜美遲疑了一下，說了「還沒！」自己聽到了，心裡就不太舒服，問自己「還沒」是啥意思？難道是預期小敏生病嗎？

媽媽繼續問了關於小敏上課後的狀況，都是一些擔憂，然後就開始「提醒」喜美，「現在小敏上學，小剛你要顧好啊！一個人顧一個嬰兒，不要粗心大意！不要讓小剛生病，不然跟常發他們家難交代，知道嗎？……」

喜美聽著、聽著，突然生氣起來，她不知道自己為何生氣，媽媽一直都是這樣跟她講話的，她脫口而出：「我的孩子是我的，要跟他們家交代什麼？」

「欸！你怎麼說這種話？」媽媽語氣高亢起來。

「好啊！媽，你不要再講了！我知道了！我帶孩子壓力也很大啊！」

媽媽聽了，更激動地說：「你帶兩個，有什麼壓力，以前我帶八個，又顧你叔叔、姑姑，還要做田，查某人的本分就是這樣……」

喜美無聲哭了起來，不敢給媽媽聽到。她不懂自己今天為何如此不正常，只是覺得非常委屈！此時，午睡的小剛哭了，喜美趁此跟媽媽掛了電話。

看著小剛喝奶時滿足的神情，喜美問自己：「我帶著兩個孩子，滿足嗎？」其實是滿足的，但是為何有委屈？是委屈，還是不安？為什麼對小敏這麼無法放心？

突然兩個線路在心頭接上了，「我已經做媽媽了，我媽還是對我充滿了不放心！她在家裡坐著，腦袋想的就是每一個孩子可能會有不好的遭遇，可能會表現不好，可能不被喜歡……然後輪流打電話去「關心」，難怪嫂嫂她們都很不喜歡接到媽媽的關心……，我最近對小敏，不就跟媽媽一樣嗎？

每當媽媽打電話來說這些，我回頭做家事、照顧孩子時，就會沒自信，覺得自己不能做好這些工作，常發回家後，我就不時覺得他一定認為我做的不好，他只要沒講話，或是稍微有點批評，我就會有情緒，一方面懊惱自己不好，所以惹他嫌，一方面又生氣老公不體諒、不關心……」

喜美越想越多，「難怪常發不喜歡聽我說孩子的事情，我好像都只是說我對孩子的擔憂，害怕他們這個不好，擔心那個不妙，常發就越聽越煩，最後就是罵我『你是怎麼照顧孩子的？』他心情好時就說：『你顧孩子，太緊張了！』其實孩子都很好，只有一點點小狀況，我怎麼老是挑不好的跟他說呢？以前我都很不服氣，覺得他不了解我，不同理我，現在我承認，真的是太緊張，因為我對孩子的關心都充滿了悲慘的想像。」

喜美看著懷中喝奶的小剛，輕輕微笑起來，以後要多多跟老公分享孩子的可愛成長，多多跟老公一起想像孩子平安又幸運的長大，總是遇到好老師疼他，總是遇到好事與好人，不要複製老媽媽的擔憂，一定要把對孩子的關心變成彩色的！

喜美想著、想著還發現，從小很多的話都不敢跟母親說，多說只會引發母親更多充滿灰暗色彩的關心，接著就是被責罵，自己一定不要這樣對待小敏與小剛。

什麼時候將這些體悟說給媽媽聽呢？喜美想，等我自信心更厚實的時候，一定要幫媽媽去除悲慘幻想，希望媽媽變得更快樂！

不能感謝父母的人

對父母，心裡存著多少感謝，就有多少真正的孝順表現出來，兩者之間絕對成正比狀態。

感謝不足，是因為對父母有太多的埋怨！

能否靜下心來，問問自己，對父母有哪些不滿意？最好是一條一條寫下來。一條條檢視這些埋怨，試著思考當時不如人意的情境與條件，試著去想像父母年輕時的脆弱與不安，試著去削減這些埋怨在心中蘊蓄的負面情緒，試著去寬恕他們的決定與行為對自己造成的影響！

這些不滿意可以對他人隱藏，但是絕對不可以對自己隱藏，這隱藏的禍害可是會在生命裡製造數不盡的災害！

如果隱藏了對父母的不滿，將很難感覺到真正的快樂，但是依舊做了很多娛樂或是追求，想讓自己感覺快樂。

如果不敢面對自己對父母的不滿，將無法自在地面對其他的親密關係，卻很努力不讓別人知道，這是因為不自在而刻意的偽裝。

如果一直逃避著自己對父母的不滿，心中將有個黑洞，永遠在吸收示愛與溝通能量，當不能示愛與溝通時，一個人就不由自主地發脾氣、生悶氣或是指責別人。

然而，這些都不是最傷人的，當對父母心存不滿而不自知且不願承認，就無法感謝父母，心與身體難以愉悅地親近他們，總是無法平靜喜悅完成孝順。

於是，心裡有個巨大的遺憾，一種渴望卻不能去追求的遺憾，渴望得到父母的愛，卻無法吸收他們的愛，渴望親近父母，卻不能靠近他們，這遺憾不會隨著父母老去往生而消失，反而是跟著自己的年華老去，而更加巨大。

哪個父母不曾在有意或是無意中，傷害了孩子？

哪個父母不曾做過對孩子不公平的決定？

每個父母都對孩子有著愛，是嗎？

即使是拋棄了孩子，他也有回過頭去不忍看的那一刻，他也有眼淚在眼眶不能落下！即使是凌虐了孩子，也有懊悔愧疚的分秒。

再一次地檢查每一樁自己對父母的不滿，站在他們的立場，去思考他們如此做的因緣條件是什麼？去揣摩他們的心理脆弱，或是智慧的不足，如果你是他們，你將如何？

有人可能會說著：「我寧可他們不要生下我？他們害我來人間受苦！」

受苦的只你一人嗎？這人世間，只有你一人在受著苦而已嗎？

難道你這一生至今，未曾嘗過一絲的快樂嗎？真的沒有享有過快樂嗎？

難道父母沒有給過你一分一毫的快樂嗎？該老實問著自己，真的沒有嗎？

如果可以發誓自童小至今，連露水般的快樂，都沒有享有過，父母真的沒有帶給你一絲一毫的快樂，那你可以大方地譴責他們，不帶罪疚去拋棄他們，不要有任何孝順的行為。

如果有呢？你必然要衷心去感謝曾有過那點滴快樂的供應者，你的父母。

感謝他們曾經為你付出的一切，感謝他們為你放棄的快樂，感謝他們在你尚無法自己供應快樂與幸福的那段時間，給你所需要的依靠與慰藉，即使供應的不足，都能讓你免於生存的困境。

感謝父母，感謝的能量越大，孝順的動作就越容易，因為阻隔已經被感謝所消融。

藏著不相信的幫助

懋宏是個二十歲的大男生，跟著父親工作了三個月，突然爆出看似中邪的精神症狀，跑去理了大光頭，半夜幾乎裸體在街上遊蕩，暴怒搗毀家中的家具，一個人在咖啡店點了十多個人吃的漢堡餐點與飲料……嚴重驚嚇了他的爸媽！之後，父母到處求神問卜，也帶他去看了精神科醫生。

出軌的行為在一段時間後停止，他父親說，懋宏不願出去工作，也不願意繼續升學，也不願吃藥看醫生，整天都關在房間裡，問什麼都沒反應，於是父親拿著鎖匙逕自打開兒子的房門，又引發衝突……

有一天父親的朋友打電話來，好心來告知懋宏已經找到工作了，父親知道後，馬上開始滔滔地說：「你要去告訴那個老闆，懋宏的個性就是……，要……跟他說話才可以……不然他就會……，這個孩子有個……缺點，要一直教他……不然他就會……，沒有比我更了解……他很聰明，就是不認真，中學時曾經每一科都不及格，你一定要通通說給那老闆聽……」

這一番話，在孩子上小學、中學，每換一個老師，這父親一定將孩子的諸多毛病仔仔細細說一遍，同時詳細交代老師要如何應付這個孩子，忙碌的老師就以父親的藍本來看待懋宏，懋宏終究逃不出父親的關愛，這關愛充滿對懋宏的不相信，父親眼中的兒子是殘缺不全，甚至未來也沒有太多希望，他卻全心全意給孩子無止盡的幫助，這充滿不相信的幫助終究壓垮了兒子。

這位憂心的父親來找我，我與孩子談過之後，告訴父親：「如果你願意放下懋宏，並且相信懋宏，他就會走出陰影，面對他的人生！」但是，我也知道這位像獄卒又像奴隸的父親，很難聽進去我的忠告。

執著在眼裡的假相，似乎比放下假相還要容易得多。

你是不是也如同這個父親一樣愛著你的孩子？

孝順是親子之間愛的水乳交融，如此的慈愛卻酸苦得難以下嚥，一旦嚥下身心必難以負荷。

你相信孩子在曲折多風險的人生道路上，有能力保持在正確的道路上嗎？

你願意相信自己的孩子，有能力可以克服各式各樣你自己也沒遇見過的困難嗎？

你是否相信你的孩子天生好運又善良，不論遇見什麼困難，一定可以否極泰來？

還是你相信，父母若不像獄卒，孩子長大後就會變成囚犯？或是你相信你的孩子天生就是笨蛋，做父母的如果不努力幻想孩子一定會失敗，這孩子大概不會有機會成功？

若父母全心全意相信孩子，一句鼓勵與祝福的話語，一個相信的眼神與擁抱，都將帶給他巨大的力量，若不相信孩子，你的愛只給他更多的壓力與挫敗，這就是很多年輕的孩子不願意將心事說給父母聽的原因。

更多年長的孩子不願與父母分享心情與困境，不能自在地與父母親近，都是因為父母對孩子的相信不足。每當與父母分享心情與難題，並不能得到有能量的支持，第一波得到的通常都是責罵，孩子充滿著被落井下石的感覺，第二波可能被強灌無用或是不合心意的建議，第三波可能就是因為失望而不歡而散。

這樣的場景是否曾經發生在你週遭呢？下回即將與父母親不歡而散之前，請先對爸媽說：「請你相信我，我是你的孩子，請相信你的孩子有能力，有福報善緣，請相信我並祝福我！」

活給別人看的媽媽

家美的媽媽昨晚打電話來，說明天要坐國光號來台北看她的外孫，家美大為緊張，雖然已經上了一天班，剩下沒幾分精力，她馬上開始打掃房子，那天晚上幾乎失眠了！

中午休息時間坐著計程車去車站接媽媽，飯都來不及吃就回公司上班。晚上，當她去托兒所接了孩子，拖著疲憊的身軀回到家，預料中的事情都發生了！家裡像是地牛翻過身，大大地被震動過，冰箱裡塞滿了雞鴨、魚肉，蔬菜擺滿廚房地板，米桶被裝滿新買的米，原來的半桶米被倒進另一個盒子裡，接著就是不停止的念、念、念！

從冰箱裡外不夠乾淨開始講起，冰箱裡沒有充滿了像是飢荒即將到來的食物量，就被硬說是平常都不買菜煮飯，所以沒有好好養孩子，家具擦得不夠乾淨，地板走起來腳扎扎的……天啊！家美心裡吶喊：「今天是星期五，當然有灰塵，星期天我可是擦得光可鑑人！有合乎你的標準！」可是嘴裡不敢說一句話。

媽媽依舊是繼續念，馬桶有淡黃的垢痕，衣服晾得不平又折不工整，棉被疊得歪歪的……，然後媽媽說了一句致命的話：「你就是這樣，你婆婆才會嫌你，虎昌才會不要你！」

家美停下手上的工作，呆呆地看著媽媽三秒鐘，突然一陣難以抑制的憤怒從胸口衝上來，她大聲地說：「不是他不要我，是我不要那個婚姻，你為什麼每次都是拉著外人來傷害我，你明明知道事實不是這樣，為什麼總是要這樣傷害我，你這樣講對你、對我有什麼好處？」她走到冰箱旁邊，把冰箱裡媽媽今天買的食物通通丟進垃圾桶，「我不要你這種關心，不要你買這些東西來壓迫我，我受夠了！」

家美蹲在冰箱旁放聲大哭，心裡的吶喊卻未停止，為什麼媽媽總是要用這種方式表達她的愛，在婆婆面前，她的自尊已經被砍得血肉模糊了，現在需要的就是別人的肯定，她再也承受不起媽媽這種愛了！除了罵，除了批評，什麼時候媽媽可以給我安慰與溫暖。

媽媽本來作勢要給家美更大威力的教訓，幫助女兒變成完美賢慧的女人，早日找到不嫌棄她的男人，老死時才不至於變成沒有人祭拜的孤魂，提一口氣，準備繼續罵的時候，突然感覺到一股悲哀衝到喉嚨，自己從年輕到現在都依從女人刻苦勤勞的美德，總是從早到晚一直做個不停，從不敢要求別人給她有形與無形的東西，是不是自己也沒有給過女兒什麼？

「我這一生都在活給別人看，把女兒教成跟我一樣，但是我有過得比她好嗎？」昨天師父問大家，覺得自己很有福報的，請舉手，媽媽一點都不認為自己有資格舉手，她好羨慕那些可以很快舉手的人！

這時候，一雙兒女默默走過來抱住媽媽，三歲小兒子抱著家美說：「弟弟給媽咪惜惜！」

懂事的大女兒也輕輕擁著家美，這時候媽媽流下眼淚，第一次用感情表達對女兒的心疼，她走過去摸著家美的頭，就像小時候一樣，「媽媽以後不會這樣了，媽媽嘛是疼你！」

無言的孝順

如松一直是個沉默的人，他最自在的時刻是不需多言喧嘩的時候，最自由的處所是可以靜默不語的地方。

年輕的時候為了生活，總是得背著自己的性子去迎合工作上的關係，也被太太秀女強迫著去應對她娘家那一大群熱情的兄弟姊妹，而如松總是表現得不如旁人的期望，表面上他們說著他是老實人，背後說著他是個孤僻難相處的老芋仔。

秀女卻有著南台灣人典型的熱情性格，這一熱一冷的組合，讓彼此都消受不了，沉默的一方只是承受著熱情一方的抱怨，秀女終其一生都在抱怨先生的沉默，終歸只是無法從沉默的如松身上得到希冀的熱情與關心，如松一輩子也只能以沉默回應秀女的哀怨批評。

於是家裡便有個不被明說的價值觀，不說話是不好，沉默是不對的。難以解決的是，不對的永遠都不對，對的卻也永遠得不到想要的。

家裡的三個孩子都繼承了爸爸不多話的性格，也繼承了媽媽對不多話的哀怨批判。生性熱情的秀女在婚姻中長期壓抑著身心的不滿足，五十多歲就胃病過世。家裡缺了媽媽，再也聽不到抱怨爭吵，也少了左鄰右舍的串門子的熱鬧，爸爸的朋友實在太少了！

不知道要跟爸爸說些什麼，變成三個孩子與爸爸相處的最大難題，沉默除了是一種罪過之外，還變成一場尷尬。大家都是孝順父親的，也很希望進行所謂承「歡」膝下的工作，但是靜默的子女不知道如何歡樂地孝順，一個習慣靜默的老男人。

問題好像是，不多話的子女要如何孝順不多話的老爸爸？

換個角度來思考，孝順一定要是歡樂又多言的嗎？

被撕裂的孫子，被撕裂的孝順

方宏的祖父、祖母在他襁褓時就分居了，彼此王不見王，方宏身為長孫，必然集三千寵愛於一身，可這寵愛是分時分地來給的，方宏也不能在心裡頭合在一起收藏祖父母對他的愛，若是收錯格子，就會不小心調錯資料而說錯話，當下的氣氛不是即刻落至冰點，就是飆高到熔化金石的溫度。

他從小就明白，在祖父家不能提到祖母，在祖母家更加不能提到任何與祖父相關的字眼。很快的，不必父母耳提面命，幼年的方宏就能夠穿梭於祖父母各自的家，享受長孫的榮寵，這也使他善於察言觀色，比同齡的孩子早熟。

升上國一的暑假，他突然對這樣的分裂，憤怒起來了，任憑祖父母如何威脅利誘，兩邊都不想去拜訪。

方宏覺得祖母與祖父都只希望享受與孫子相處的喜悅，卻未曾在乎他的感受，他心裡遺憾又埋怨，兩個人都疼愛他，也是他深愛的人，為何不能和睦在一起？

為了愛他們，也為了方便讓祖父母疼愛孫子，方宏必須分裂自己，必須在這個家裡假裝自己的世界裡沒有另外一個人，可是大家都知道他是遊走於兩者，這是何等虛偽的遊戲啊？

方宏好想拒絕跟他們玩這個遊戲！可是這個心軟善感又孝順的男孩，終究耐不住祖父母柔情的呼喚！

好景不常，兩年後，父母也宣告離婚，原來爸爸早就有另外一個家庭，雖然方宏依舊跟媽媽同住在原來的房子裡，外祖父不知女兒已經離婚，所以到外祖父家也必須隱藏這個事實，甚至需要與爸爸媽媽一起演戲。

媽媽說，你去爸爸家看到聽到的，回家不要說給我聽。當天他若去見了爸爸，回家後就覺得自己像是待罪之身，與爸爸相處的感受、疑惑，以及所有正面與負面的情緒，也都沒有機會說出來。自己的爸爸有另外一個家庭，對任何孩子都不是輕鬆的經驗，方宏卻不能與媽媽自在談及自己的感受。

在爸爸家，也是挺怪異的，阿姨刻意的殷勤令他不自在，與弟弟妹妹相處也有點隔閡。如果一起回祖母家，氣氛更是奇怪，自己好似宮廷片裡頭的太子，弟妹就是可憐的庶子，阿姨像是婢女，方宏有時跟自己開玩笑，就缺媽媽來當王后了！

為了表達對祖父母與父母的忠誠與孝順，他的心，分割成四個格子，築上高聳的牆，以確保這個格子裡的氣息不會被另一個格子裡的人聞到。方宏愛他們每一個，知道他們也深愛著自己，他不能讓任何一個人傷心，也不希望他們生氣，所以必須很謹慎地把自己的愛，清清楚楚分別放在四個格子裡，不能讓他們彼此有所牽扯。

如此而得來的疼愛，卻令他越來越虛弱，讓他想逃離，如此的孝順，令方宏沉重，他好想卸下，好想將四個格子的分隔拆除，可是，怎麼能呢？

這四個人都這麼地愛他，而他也深愛著他們，何時可以不再撕裂著，何時可以不必再撕裂自己的孝順，用完整的自己與他們共處？何年、何月能夠用圓滿的愛來孝順他們？

缺錢的媽媽

如燕的母親又打電話來抱怨錢不夠用，暗示大女兒寄些錢給她。這是這個月第三次了，母親抱怨完之後，又開始抱怨妹妹跟她借了多少錢。如燕越聽心裡越不是滋味，她是母親的財庫，媽媽卻是弟妹們的財庫，錢借了妹妹，心既不安又不甘，如燕又變成媽媽訴苦的對象。她不懂媽媽既然不放心，為何還要把錢借出去？

她的心痛得像被無數的針刺穿一般，母親怎麼從沒想過要疼她一些些？從小就不斷要求她這個、那個，疼惜的就只有弟弟與妹妹，母親好像不認為如燕也需要疼惜；她也想不透，當過去的困境都不再存在，母親的情緒卻比困苦時更加不安。

孝順的如燕從不違背母親的要求，自從三十年前父親過世，如燕就與媽媽一起扛起家庭責任，同學家裡有水、有電、有車，如燕家卻窮得要在半夜點蠟燭讀書，因為他們住租不起房子，只好住在沒水、沒電的違章工寮。

現在大家都各自成家，只有如燕與先生離開老家出外拼事業，要供應母親這些索求也不是沒有能力，但是如燕漸漸覺得給不出來了，也不想再給了，她感覺與母親之間好像不是錢的問題，她開始害怕接到母親的電話，心底有股怨忿默默氾濫，孝順的心再也壓不住那些情緒，她開始失眠、食慾不振、脾氣煩躁，動不動就對先生孩子發脾氣。

母親其實是個極度心理匱乏的女人，過去金錢缺乏的日子，有錢就代表安定，她自然將錢化約於情感滿足與安定的象徵，一直要錢就等於不斷要關懷。

目前不再缺錢的日子，金錢已經不能解除母親的心理匱乏感，如果如燕依照母親的要求不斷供應金錢，永遠不能滿足母親心頭的無底洞。

也因為失去丈夫，害怕子女遺棄她，對於其他子女的金錢要求一概不敢拒絕，錢既然借了又不能釋懷，怕女兒不能還錢令她賠了老本，又不敢去要，擔心得罪女兒，將來老病沒人要，心頭洶湧的不安，只能找一直扮演支柱者的大女兒訴苦哭窮，聽得如燕的心苦得滴血。

這麼多年如燕也被掏空了，她必須改變行之有年的孝順模式，捨棄用物質供應與事情交流，改以直接的關懷與心靈溝通來孝順母親，直達母親心靈困乏處。

因為母親並不懂自己缺乏的不再是金錢，所以依舊如同過往慣性，用錢來安定自己的心，安心卻只能靠心的交流，金錢並非究竟。

經過我的分析，如燕打了電話給母親，談起了這幾十年母親的辛苦與失去配偶的孤單無助，母親哭了，如燕還告訴母親：「我知道你不是缺錢，是怕我們不關心你，所以向我要錢，是要試試我會不會不要你，對不對？你放心我們永遠會照顧你！」

妹妹過幾天打電話給如燕，她問：「你跟媽媽說了什麼？媽媽最近心情這麼好！」如燕得意地說：「沒什麼，只是跟媽媽開始心靈溝通罷了！」

給愛與要愛

方良昨晚與媽媽大吵了一架，一早就打電話給我，怒氣沖天地數落媽媽多麼的不尊重他。衝突緣於媽媽老是在方良不在家時，替他收拾房間，屢屢更動方良私人物品的擺置，更讓方良生氣的是，媽媽常常丟掉她認為不重要的東西，等被發現時，媽媽通常都是裝蒜，等方良生氣了，媽媽才承認，接著又說，是方良自己不好好收拾。

我幫方良整理他奔騰情緒的重點，很明白的，第一就是媽媽丟棄他的東西，有些是很重要的；第二，有隱私嚴重被侵犯的感覺，房間裡的蛛絲馬跡都被一一檢閱，這種感覺就發展成一種委屈又憤怒的情緒，覺得媽媽永遠把他當作沒有用、不懂事的小孩，所以才如此對待他，當這個思維出現時，方良升起一種弱小無助的情緒，當下，他與媽媽的關係就真的倒退二十年，變成大人與兒童的傾斜關係。

當方良聽到我把他的情緒清楚說出時，眼淚無聲地落下，我知道他哽咽了。他說他可以體諒媽媽的關心，所以事後充滿罪疚感。

「你知道嗎？問題都是出在『愛』！」方良在電話那頭似乎傻住了。

「媽媽愛你，所以用收拾東西來表達，你也愛媽媽，所以對她的行為懊惱，也對自己的懊惱更加懊惱，所以兩人的情緒不斷地加乘，越積越多，將彼此都套牢。」

方良不解為何母親明明知道這樣會有衝突，卻無法克制自己的行為呢？這就問到重點了，如果一個行為明明會造成困擾，卻又一犯再犯，一定是背後有個非常重要的心理需求必須要被滿足，所以才會不由自主地一再重演。我的推論是，問題來自母親有對孩子表達愛的需要，以及明確知道孩子也愛她的需求。

一生奉獻家庭的女性，最大的滿足就是可以照顧孩子的食衣住行，當孩子漸漸大了，一個個離家或是不再事事需要媽媽伺候，奉獻一輩子青春給家庭的媽媽不只是無所事事，而且因為滿腹的愛無處給予而寂寞的發慌啊！

如果方良可以認知到媽媽需要的只是給愛的機會，同時了解到媽媽在給愛中體會到孩子對老媽媽依舊有如同幼年時的愛戀，她就滿足了。當媽媽用過度介入表達愛的同時，也是在用隱約的方式對孩子訴說她的需求，請孩子注意到媽媽的情感需要。

然而，一個無悔奉獻家庭的媽媽，常常將家人慣壞了，家人長期在她的服務之下，腦袋裡很難有「媽媽需要什麼」的想法？（只在特定節日廣告提醒時，應一下景而已）

真正長大的方良要如何對待媽媽呢？不要只忙著坐在電腦前面，不要只忙著跟朋友講電話，多跟媽媽說說話，央求她談談年輕時的故事，替她想起過去未完成的夢想，帶她走出家門參與社區活動，帶著她發現自我，不再只是為了別人而活著，開始為自己的快樂而活著。

二十一世紀的孝順孩子要能懂的引導父母適應這個快速變換的世界，更重要的是引領父母走向快樂與自在的生活。

孝父、孝母，盼不到孝順

鵬名與美嬌是對高所得的夫妻，育有一雙兒女，在從小悉心培育之下，兒子現在是外科醫生，女兒是牙醫，這對父母一直都是遵奉「只要讀好書，其他什麼都不必管」的教養原則。

所以兒子除了專精讀書與擁有醫生專業之外，真的什麼都「不」管。因為條件優渥，婚配也沒遭遇什麼磨難，一直到婚後，生活的瑣事依舊依賴父母的照料，連薪水都交給父母處理，只帶著提款卡提領生活需要的散錢，不只不會料理自己的生活，連基本的理財都不會，至於媳婦也是個自小資優的醫生，跟兒子是一個模子，夫妻倆只好順便照顧著媳婦。

幾年後孫子也出生了，先是一個女兒，又再生一個兒子，已經退休老爸老媽也將孫子的養育工作自動扛起，雖然自己花錢請了印傭，為了確保孫子被妥善照顧，幾乎還是一手包辦育兒的工作。

就這樣一家和樂地過了幾年，這期間女兒結婚了，婚姻卻出了問題，女兒抱怨夫家要求太過分，先生沒有善待她。實際上是公婆一開始對媳婦的生活能力感到驚訝、竊笑，漸漸變成不滿。女兒以前在家裡連喝水都是媽媽伺候好的，婚後她以為先生會替她倒水、添飯，甚至連洗自己的內衣褲都不會，更別說使用洗衣機、晾衣服與料理飯菜了。

鵬名聽見女兒的抱怨，非常生氣，覺得親家虐待自己的女兒，打電話痛罵了女婿，可這女婿非常無辜，他因為愛太太，願意扮演主夫的角色，他的父母卻看不過去，他也只是要求太太稍微學做一點，理由是一個成年人總是要能夠料理自己的基本生活吧，以後若做了媽媽，即使有保母與先生分擔，也要能自己照顧孩子吧！

當鵬名大發雷霆時，美嬌卻沒作聲，待掛斷電話，她淡淡地說：「我覺得，我們應該要檢討過去養孩子的方式到底對不對？」

「你這話怎麼說呢？」

「上個星期我重感冒，記得嗎？這些孩子都沒有自動來問過我好點了沒？甚至沒有自動發現媽媽感冒了！」

「他們忙吧！整天不是看診就是巡房，不然就是開刀，哪有空啊！不是有拿藥回來給你吃嗎？」

「那是心意的問題，不是有沒有空，我發現我們的孩子只專心在自己身上，不太在乎別人，包括我們，對自己的孩子也是不太掛心……」美嬌面露憂鬱，「我們越來越老，體力越來越不夠，以前不需要依賴他們，所以不覺得有問題，直到最近才開始出現需要他們協助的事情，我突然懷疑他們會不會……懂不懂孝順這件事，連母親節、父親節、生日都是我們提醒，去吃飯也是我們帶著孩子回家，像上次他們接著又去忙自己的事情……等有一天，我們老到不能動，不能幫他們忙時，不知道他們會如何對待我們……」

鵬名默然，心裡有數了，嘴裡卻安慰著美嬌：「你想太多了！」，他心裡想著：「或許是時候讓他們自己承擔了，雖然有點遲，有開始總是好的，一定不可以再把孫子教成『什麼都不必管的人』！」

被兒子看不起的痛

美華拿一張剪報來給我看，面容壓抑著憤怒與哀傷，短短的文章有些段落用紅筆劃線，她說是剛讀大二的兒子故意劃給她看的，她要我替她想想，兒子是不是這麼地看不起媽媽？說著眼眶就泛紅，聲調卻臉露出極其生氣。

文章的部分段落寫著：「……長大之後，才知道媽媽也不是萬能，媽媽也有不會的時候……這時候媽媽已經不可以依靠……」

兒子是不是看不起媽媽？兒子劃下這些話給媽媽看，到底要說什麼？讓我們先從孩子的角度來思考。

自小兒子與媽媽是親密夥伴，功課有問題找媽媽，肚子餓找媽媽，心情不好找媽媽撒嬌，被爸爸罵，媽媽更是擋箭牌，媽媽儼然是兒子的主宰與守護者，母子在如此的親密關係上，各自得到心靈上的滿足。

然而，自從上了大學，這種依附關係，整個破滅。以前心中有惑、有困難就找媽媽，如今，發現媽媽也無能力替他解決這些疑惑，專精的學業，媽媽不懂，未來的發展，媽媽只知道做公務員最好，愛情交友，媽媽已經說過畢業前不可以交女朋友，女孩子打電話來，媽媽就有明顯的敵意。

這個媽媽從無所不能，變成一點都不能，怎不叫一個依賴媽媽甚深的男孩氣餒呢？反觀有些同學的媽媽，因為受過較高的教育，在職場上有歷練，在專業與生活上都可以給孩子跟得上時代的開明見解，這令兒子好生羨慕！兒子也知道媽媽對他無怨的付出，嫌棄媽媽是萬萬不可的。

一直從兒子身上得到的親密感，再也得不到滿足，讓她的情緒繃到臨界點，所以問話的方式常令兒子對媽媽滋生情緒，兒子也自忖，說了你不是不懂就是不認同，所以更加迴避媽媽，如此惡性循環導致母子無法正常溝通。

當無法正常溝通時，媽媽卻欲以母親的權威對兒子加以掌控，可能會在衣食小事上作文章，可能強迫兒子做某些生涯選擇，或者拿兒子跟親戚的孩子比較，讓衝突更加劇。

美華一直以兒子做為自己生命意義的顯現。當她以全心陪伴將孩子從第一志願高中送上第一志願大學，卻黯然發現兒子已經不是她的了，她無法對兒子的生活以及學習有太多介入，她認為兒子排斥她，是因為看不起她。卻沒想過兒子目前的生活，以她的學養與經驗，已經無法像以前一樣地全然介入，因為不能介入，而無法得到往日的成就感，往昔溫暖關懷的言談，變成叨叨不止的盤問與埋怨，更加讓兒子不願與媽媽互動。

兒子迴避媽媽的同時，還是渴望與媽媽有溝通，而留言於報紙，媽媽卻詮釋成兒子認為媽媽沒有用，兒子看不起媽媽，因此而心碎。

當孩子終於了解媽媽不再足以依靠，是不是也象徵兒子有了獨立自主的心理準備。看見真正成長的兒子，美華不是應該高興嗎？

如果持續把自己放進無明的詮釋中，硬是要認為兒子瞧不起她，只落了自己更痛苦，硬生生地把這個心結打死了，往後連帶也會認為高學歷的媳婦看不起她，多年之後把自己變成一個讓人望之生畏的老人！

假若總用情緒來詮釋旁人的表達，大多要落入自傷又傷人的結局，這對母子儼然落入如此的死角當中，各自痛苦。

脫困的方法為何？首先，各自真正理解對方的情境，母親需要了解孩子的生活世界，也必須自知過去的介入需改為精神上的支持與鼓勵；其次，兒子需要知道媽媽經歷孩子長大離家的空虛，關懷母親之外，有機會引介母親走出家庭的小框框，參與各種學習活動。

更重要的是，媽媽跟兒子多談感情，少在雞毛蒜皮的小事上碎碎念來表達關心；兒子也需要多跟媽媽說學校的活動，媽媽沒念過大學，當然不懂大學生活，多說幾次就知道較多，專業知識就挑媽媽可懂得說；母親在聽時，切忌妄加批評，兒子是在與你分享他的生活，不明所以就批評只會斬斷溝通之路。

母子若能從幼年時的彼此依賴，成長為平等地分享生命，這世上豈會有哀怨老人與不肖兒子！

愛生悶氣的老人家

厚德是一個喪偶的老伯，我常在傍晚的公園看見他一個人悶悶地坐著，眉頭因為經常緊蹙著而有著深深的溝痕，說他悶悶地，也不盡然，比較貼切地說法是好像正在想著某件令他很生氣的事情。那惱怒又孤寂的身影讓我留意到他，可能收到我的關注，有一天老伯竟然跟我點頭打招呼，給我一個不是很像微笑的微笑。

接著他就打開話匣子，開始對我說起他兒子、女兒、媳婦的種種不是。

這些抱怨的話我都是不能接口的，只能耳朵靜靜地聽，眼睛注意著玩樂的兒子，聽著、聽著不禁同情起他的孩子與過世的老妻。這是個多麼難相處的老人家啊！我都很懷疑自己有沒有能耐跟他同住一個屋簷下。

有一次，在他冗長抱怨的間隙中，我問了他一句話：「你有沒有跟兒女講過你的這些不滿呢？」

老伯愣了一下，大聲告訴我：「這還要跟他們講喔！做人家的嗣小，自己要哉啊！沒孝順的，才要老的講！」一聽，換我傻住了，他接著說：「他們要是沒順阮的意，阮攏不跟他們講話，叫阮，阮攏沒給應，他們就會驚我。無驚我，就沒給我孝順，就給放我自己住，那時陣，阮就可憐囉！」

「你感覺他們這嘛有驚你唔？」

「當然，嘛是有，我已經三天攏無理他們啊！媳婦叫阮，比平常時卡多遍哩！」老伯對於孝順的邏輯令我迷惑。

讓我來做個推論，老伯希望子女孝順的動機是，怕被遺棄，怕孤寂一個人。他為什麼這麼怕呢？或許他的家庭就像標準的家庭一樣，數十年都是男主外、女主內，到最後變成主外的男人疏離於家庭關係中，使得他老年回歸家庭之後非常沒有安全感，好像自已是個外人；太太過世之後，他更害怕子女因此不要老爸爸，因為老爸爸心裡明白自己與孩子並不親近。

至於要讓孩子怕他，才會孝順，這樣的思維，是來自嚴父邏輯，一個嚴厲不苟言笑的父親才陣得住一家子的安定。如果孩子在這個邏輯下孝敬父親，並不是因為愛爸爸，喜歡親近爸爸，因為恐懼而虛應著。至於恐懼什麼呢？小時候我們多少懼怕父母，既然已經長大，不再需要依賴父母（除非是父母財大勢大），恐懼會帶來真心的承歡膝下嗎？

孩子是否可以完全猜中父親的意欲，用此來評量孝順與否，這個似是而非的邏輯似乎存在於所有親密關係（包括夫妻關係）中，這樣的邏輯最後都成了破壞關係的暗器，可是很多人依舊是樂此不疲，屢次沒被猜中，就開始怪罪對方。這樣的爸爸原本就與孩子不夠親近，子女實在是不太了解他，所以孝順也經常沒有辦法孝順到爸爸的心坎裡。

和兒子手牽手走路回家的路上，我開始勾勒著他們的家庭生活，爸爸用自己的情緒來操弄子女，兒子可能已經習慣而裝聾作啞，媳婦百般討好公公，戰戰兢兢唯恐做錯什麼觸怒公公，家中的氣氛詭異無常，孫子從小學會看人臉色，從不把話說清楚的爺爺可能就把孫子當作是與兒、媳作戰的戰場。孝順這個字眼，變成老爸爸的戰利品，贏得了，就證明了自己的價值，如果沒有贏得預期的對待呢？就用自己的情緒去勒索別人。

我在想下次遇見老伯時，要鼓勵他說出自己的情緒與想法，也鼓勵他對兒子、媳婦與孫子表達關心，當然不是用罵來表達，而是用關心的言語與態度來表達關心，像這樣的傳統老男人是很不容易對人表達關心的。希望他可以慢慢變成一個快樂的阿公。

耗竭的一代

安馨試著在工作坊描述最近的情緒，但是叨叨絮絮地說著父親住院，哥哥往生，弟弟跟他借錢，如何南北奔波，回到家也是要面對身體不好的先生，心裡充滿愧疚，趕忙幫先生做飯，向先生道歉；她又說到，兒子大學畢業去當兵，昨天放假回家，她如何小心翼翼與兒子溝通，帶兒子去學書法、禪坐，想辦法帶領兒子突破心理障礙去適應社會，盡量讓兒子自己出門去辦事情……從頭到尾她都微笑著，不時表現出對自己的肯定與期許，似乎一切都很好，她照顧了所有的人。

我聽她說了好久，靜靜打斷她：「你覺得孤單嗎？」

五十多歲的安馨突然開始啜泣，進而嚎啕大哭，我感覺到她隱藏著巨大的孤單，以及依靠的需求，我讓她靠在我肩頭哭泣，她的眼淚濕了我的肩，我撫著她的背，想到我的母親與我的孩子。

她是個多麼孝順女兒！如此盡責的妻子！永遠放不下的母親！

但是我看到個是一個孤單的老年女人，她什麼都有，經濟能力良好，人際關係豐富，懂得運用社會資源，兒女都有高學歷，她卻因此而心力耗竭，她自己卻完全不自知，只知道自己需要將所有人都照顧妥當，只知道自己必須將一切搞定。

「爸爸好高興我幫他買的鞋，他說很好穿，只有我會幫他做這些事情，哥哥們不可能想到的！」

老年女人面對更加衰老的父親，依舊像個小女兒，雀躍於父親的肯定，得意地戰勝父母的重男輕女情結，父親的一句肯定讓她可以耐得住南北奔波，耐得住先生的臭臉。

她呵護著二十多歲的兒子如同照顧一個幼兒，也淡淡說著兒子的挫折感與無力感，擔憂著兒子的未來，她說多麼高興兒子願意去學書法！好像兒子只有十歲大。

我問她：「兒子不能自己去學書法嗎？為什麼一定要你特別請假帶他去？」

安馨說了一個理由，一個充滿的愛與不放心的理由，我不去批評她的理由，只是問她：「爸爸老了、病了，可以依靠貼心孝順的你，你覺得你更老的時候，兒子可以讓你依靠嗎？」

她說不會想要依靠現在的年輕人，七十到五十歲左右的父母親習慣說這樣的話欺騙自己，在孩子面前或是後面說著這樣的話，是不是也是另一種表達被孝養期望的方式？

只是這是多麼委屈的姿態啊！為什麼不敢期望子女的孝養呢？子女若有孝順的心意，可能連一個可以踏上去的台階都沒有吧？

我再問她一次：「真的嗎？」她低頭靜默著，「你真的不渴望依靠嗎？你給出這麼多，難道不想要嗎？」

她點點頭，「但是先生已經老了，女兒以後總是要嫁人，兒子卻不行啊！」

「你用這種方式照顧著兒子，他什麼時候才能像個大人？」

「他有女朋友啊！他很會照顧女朋友！」安馨辯解著，不願意面對自己對未來的憂心。

她是耗竭的一代，上有四老需要孝養，身邊有先生要侍奉，下有成年子女需要撫慰，接下來還要照顧孫子，身邊圍繞著家族眾人，孤單感卻永不離去。

女人的父親與丈夫

十一月我回台帶了課程，課程第二天，我用茶樹精油作為冥想的能量導引。茶樹精油在靈性導引上，具有修復一個人的生命之流中過去、現在與未來之間連結斷裂的功能，以此茶樹的靈性導引設計了茶樹的冥想內容，緊接著進行自動繪畫。

梅如（化名）似乎在冥想與繪畫中有深層的體悟，有點靦腆地說出她的渴望：「我希望可以在這次課程裡解決我不能成功戀愛的問題，有沒有可能用家族系統排列，讓我可以戀愛成功？」

她說完很不好意思地笑了，大家爆出一陣樂觀其成的笑聲。

梅如是因母親的建議來上課。她不能成功談戀愛，跟媽媽有很深的關係，媽媽因某種家庭動力的牽引極端討厭與排斥自己的丈夫，從小她就被媽媽拉在同一戰線，成為捍衛母親的女戰士，跟媽媽一起討厭爸爸。

媽媽是每個男人的第一個女人，爸爸是每個女人的第一個男人，一個女人若是厭惡第一個男人——他的父親，她能夠與第二、第三，甚是第四個男人建立令人滿意的親密關係嗎？她能夠用沒有污染的心，去愛之後出現在生命中的男人嗎？基本上是很難的。

這些話我並不先說，我的上課風格是不先進行分析，當個案一點了悟都沒有發生，分析一堆不過是浪費口舌對質，浪費時間辯解，我帶工作坊這些年，已經很少花時間在說服個案相信我的預知，我先讓他在冥想、繪畫、排列中進入深層了悟，之後畫龍點睛地說明案情，他很容易得到啟發與力量！

相對於其他個案的沉重，梅如這個要求讓大家很期待，畢竟戀愛是令人愉悅的經驗。首先，進行排列前，選出梅如與愛情的代表。梅如的代表上場後，顯出壓抑的不安，愛情一上場就對著梅如的代表露出微笑，身體輕鬆地搖擺，顯出愉悅且接納的樣子，並且伸出雙臂想擁抱她，但對面的代表並沒有相對的回應，反而出現侷促的樣子。

顯然地，不是愛情不要她，是她因某些原因不能接近愛情。接著我在梅如與愛情中間，排入父親與母親，愛情的表情改變，愉悅不見了，出現激烈的晃動，有一股抗拒的力量往父親那一邊作用。

她的目光連在母親身上，母親出現往女兒的方向移動的動力，父親看著女兒，眼神與肢體透露出緊張與撤退，但也充滿愛，父親卻無法再靠近女兒一點。

我讓此排列持續幾分鐘，接著讓梅如上場，代表下場。請梅如對母親說：「親愛的媽媽，你是我的媽媽，我接受你是我的媽媽，而你的痛苦是你的，你的愛情是你的，我可以有我自己的痛苦，我也可以有我自己的愛情，我可以享受男人對我的疼愛，我可以享受愛情，我依舊深深愛你，並感激你，親愛的媽媽。」

梅如說完，媽媽代表流下眼淚，移動到梅如身邊（這反映著現實生活中母女的關係，媽媽是支持女兒，但是也在無形中阻礙女兒追求愛情，女兒要能夠不跟媽媽站在同一陣線對抗父親，才能自由擁抱愛情）。

接著我要梅如看著父親代表說：「親愛的爸爸，你是我的爸爸，我接受你是我的爸爸。」空氣凝固在父女眼神的交會中，梅如轉頭對我說：「老師，我不能說……」我鼓勵她再試試看，幾分鐘過後，梅如說：「老師，我真的不想說。」於是，我宣告此排列到此為止。

休息過後，梅如看起來有點沮喪，我問她：「現在知道為何你個性不錯，工作也不差，長的也不差，也不是沒機會，就是沒能好好談場轟轟烈烈的戀愛？」

她點點頭笑了！「討厭爸爸的女孩，很難有甜美的戀情！」我笑著說，「你隨時帶著對爸爸的憤怒在身上，在不知不覺中把對爸爸的厭惡，帶到其他男人的關係裡，那些男人無形中也會感覺到，形成你與一些新認識男人之間的無形障礙，所以戀情難以發生，即使發生了，就像你說的，不到三個月就無疾而終，根本沒開始就結束了！因為他們無意間會感受你的憤怒，嚇得逃走，年輕男人在戀愛時並不像小說寫的那麼勇往直前，他們其實是挺小心膽小的，即使戀情開始了，你也會在有意無意間把對爸爸的情緒轉移到戀人身上，把他們嚇跑，你覺得自己厭惡男人嗎？」

梅如又笑了，「是啊，我是看不起男人，所以婦運這塊領域我都不敢去碰，我會很生氣……」說完，自己哈哈大笑。

「你看不起男人，又要人家愛你，不是很矛盾？怎麼辦？」我說。

梅如說：「老師，你配一瓶戀愛精油給我就行了嘛！」全班一聽到，大家笑翻了，「當然可以，但是要讓你戀愛成功，一定要先移除心理的障礙，不然失戀時，你就要怪我害你！」

根據以往的經驗，雖然個案在排列中無法達到和解，而終止排列，療癒依舊在排列之後持續著，因為療癒的動力已經開啟。

在最後一天課程，我看到梅如來，「不是說今天你媽要來嗎？你不來嗎？」

「對啊！我排除萬難，可以來了！昨天我們還為誰來上課吵架，我想來，媽媽也想來，但是我不希望她來！她就生氣……」大家聽了又哄堂大笑。

梅如很興奮地分享：「這兩個星期我有注意自己跟爸媽的互動，這個星期特別明顯，我發現我對爸爸的討厭有逐漸減少，比較能客觀看爸爸的行為，不過我還是不能原諒他曾經對我的傷害……但是他跟媽媽的互動，我看得比較清楚，我發現媽媽會用眼神指使我……我開始假裝沒看見她的眼神，拒絕她的指使，我又發現，以前在家我都會很注意媽媽眼神的指示，現在很想跳脫出他們的戰爭，不想站在媽媽這邊了，我想要給自己自由，可是……有個麻煩，我好像開始生我媽的氣，對媽媽有憤怒……怎麼辦？」

於是我分享了自己的經驗，當我用海寧格的治療性語言直接跟爸爸對話之後，長期以來因為聽媽媽不斷抱怨爸爸的過錯而產生的障礙，瞬間從我與爸爸之間移開。

為什麼會瞬間移開呢？因為我也是深愛爸爸，如同愛媽媽一樣，我們對父母的愛都是一樣多的，然而因為雙親不睦，而導致我們不能流暢去愛另一個父母的時候，愛就阻塞在我們的靈魂裡面，一旦障礙的石頭被移走，等待多時的愛就瞬間流通了，那之後，我感覺到自己變得更輕鬆，生命中的任督二脈都通了，而且跟先生的相處更親密，少了對他的莫名挑剔與憤怒。

但是啊！我就開始對媽媽生氣，一聽到她說話就生氣，不管她說什麼做什麼我都生氣，氣得莫名其妙，氣得讓自己充滿罪惡感，過程大約持續快半年。我問梅如：「對媽媽生氣是不是充滿自責啊？」她點點頭。

「那是因為心裡有個聲音，怪她害你不能愛父親，也不能接受父親的愛，你在怪她。但是沒關係，憤怒逐漸走完，就沒事了，不要壓抑，只是觀照著它，跟母親的吵架會增加，過程中你可以跟媽媽直接談裡面的情緒與發現，也表達對媽媽的愛。」

這時候另外一個帶著十五歲女兒一起來上課的單親媽媽提出一個問題：「我離婚後，還是鼓勵女兒跟爸爸來往，我女兒長大會不會跟梅如一樣？」

我的回答是：「若是你心中對前夫有怨恨與憤怒，即使表面上鼓勵，女兒還是不敢去愛父親！」

為何會如此？下個篇章，將仔細分解！

不敢愛爸爸的女孩

在「女人的父親與丈夫」的最後，女巫提到單親媽媽新華的提問：「我離婚後，還是鼓勵女兒跟爸爸來往，我女兒長大會不會跟梅如一樣？」

女巫的回答是：「若是你心中對前夫有怨恨與憤怒，即使表面上鼓勵，女兒還是不敢去愛父親！」

當我說出此話，十五歲的女兒均均看著我，眼眶泛紅對我點頭，媽媽忽略孩子無聲的反應繼續要解釋，說明她如何鼓勵孩子跟爸爸來往，但是她自己在每次前夫探望孩子時都沒有好臉色，甚至常常有爭吵。

離婚夫妻不一定還能當彼此是朋友，就算是怨恨稀少，厭惡可能免不了，但是有些離婚女性硬是不承認自己對前夫的憎恨，昧著自己的情緒鼓勵孩子去跟爸爸聯絡感情，當孩子興高采烈去見爸爸，媽媽心裡又暗暗生氣，孩子高高興興回家了，又愛問你們剛才說什麼？去哪裡？見了誰？

孩子很開心分享了，媽媽的情緒又波濤洶湧，然後就找個其他的事情遷怒孩子，對孩子發脾氣，無端被罵的孩子猜想一定是我去見了爸爸的關係，下次孩子可能會自動說不要見爸爸了！媽媽又口是心非鼓勵他去，孩子又帶著壓力去跟爸爸見面。

如此週而復始，愛媽媽也想要對媽媽表達忠誠的女兒，無法順利地與父親有愛的交流，心裡很愛爸爸卻不敢明目張膽去愛爸爸，很需要也想接受爸爸的愛卻不敢開開心心讓爸爸愛她。

可想而知，均均承受的情緒壓力有多大！小小年紀在上課時坐不到一小時就腰酸背痛到必須躺下來，身上有的酸痛毛病好像是老年人才會有的。她身心靈內積壓了未能順利付出給爸爸的愛，也因無法完全接收爸爸的愛而有匱乏感，而媽媽對爸爸的厭惡也被她所吸收，小小年紀就陷在兩難中，造成她身心靈的淤塞。

然而這一切也不是媽媽的過錯。

離婚大多是不得以之下的痛苦決定，是處理人生中不圓滿的諸多解決方案之一，女巫在此不是要宣導——不可以離婚！為了孩子的幸福快樂，所以不可以離婚！

「女人的父親與丈夫」中，梅如的雙親並沒有離婚，怨偶的孩子跟離婚夫妻的孩子都承受著生命的創傷。（為了孩子的幸福快樂，請認真又有智慧地經營婚姻，婚姻有待挽回時，請不要先去找徵信社抓猴。）

說到創傷，誰的一生中，完全沒有創傷？擁有幸福美滿童年的人，真的就一輩子成功又幸福嗎？人都必須在創傷中學習與成長，因為離婚讓孩子經歷了生命的不圓滿也不需要過度自責，重要的是如何在生命低潮與創傷後進行身心靈修復，將此經歷轉換成生命的養分，所以說後續的處理，比去追究過去為何發生了這些事情，誰對，又誰錯，還要重要的多。

媽媽不需要在孩子面前假裝自己沒有厭惡前夫，可以跟孩子明明白白地說：「他已經不是我的丈夫，我真的不喜歡他，但是他依舊是你爸爸，你可以自由去愛他，但是你可以自己選擇，不必要因為媽媽而不敢去愛爸爸。」

雖然媽媽說了這些話，並不代表媽媽就可以隨意在孩子面前批評辱罵前夫，如同女人在先生面前批評公婆，即使講的都是事實，先生依舊會不高興，甚至當場引起爭吵；孩子聽到別人批評雙親，卻因為她只是個孩子而必須隱忍憤怒，若是批評者竟是雙親之一，所造成內在的對立更加激烈。

新華是因為先生外遇而離婚，看了梅如的排列，非常擔心女兒長大後遭遇類似的問題，但是她在口頭上又不願接受我的解釋，不斷辯解說她不是這樣，我就問她，要排列你跟你前夫的關係嗎？她猶豫不決，看看女兒之後，才說好。

我用兩個代表各自代表新華與前夫，前夫旁邊排列他的女友。新華的代表剛開始有點僵硬，前夫代表不看女友，卻專注地看著新華的代表，表現出想往前走的動力，但是又緊張害怕，前夫問我：「可向前走向她嗎？」我點頭，他走到與新華代表相遇約一公尺不到的距離，新華代表突然笑了，笑得很開心，前夫代表也笑了，兩人笑得很開心，非常友善，在旁觀看的均均也笑了，前夫代表更往前移動一些距離。

有趣的是女友的代表也表現出樂觀其成的表情，我問新華：「看到這一幕，你覺得如何？」她給我一個困惑的表情，我讓代表離開，她自己進入排列。

她一進入後，臉上肌肉就放鬆一些，也開始回應前夫代表的笑容，兩個人笑得前後搖動，排列到此結束。

休息過後，她說：「我進入排列後，突然想起一件事情，當初我是因為前夫外遇才提出離婚，我一直希望我前夫馬上跟女朋友結婚，女兒給他們撫養，後來他們並沒有繼續在一起，現在的女友並不是以前那個，而且我前夫一直不願意跟這個女友結婚。為什麼會這樣？我為何會有這種想法？」

（新華已經做過兩次排列，第一次在排列中與她八歲時就過世的母親重新連結，當天晚上就很意外地不需吃安眠藥即可入睡，她多年來都必須藉安眠藥入睡，也服用憂鬱症藥物，我並不知她有服藥習慣，自從那次排列後就停藥，幼年喪母讓她一直有潛在的厭世念頭；第二次排列處理童年另一件創傷，這是導致他對男性不信任與憤怒的根源，婚前與婚後，她對前夫的憤怒不完全是因為前夫本身的行為。前夫是她宣洩原有憤怒的對象，基本上前夫是無辜的。）

女巫的回答是：「你們兩個其實是真心相愛的，過去的憤怒是你們之間的障礙，加上你一直想要離世，自從媽媽過世後，你不想活在世界上，想跟著媽媽一起死去，你自己並不自覺這些情緒與意念，所以你才會有把親愛的女兒托付給前夫與女友的念頭……你的前夫到現在都很愛你……」均均聽到這裡，閃著慧黠的眼睛含著眼淚又對我點點頭，說到這裡，女巫並不需要再畫蛇添足了，一切的愛怨情仇都將逐漸被明瞭，怨與愁也將被了悟的和風吹散，只留下豐富的愛與情在親人之間流動。

過了幾天，我回馬來西亞的前夕，接到新華的電話：「做了這三個排列之後，才知道過去這麼多年都是閉著眼睛在活著，現在總算醒來，真正清醒地活著，這樣真好！」

要不要放棄那條魚？

前幾天阿財轉寄了一篇故事給我，讓我想起一些事情，思緒還在醞釀的時候，當天晚上他就講這個故事給念小一的兒子聽……

有一位美國人利用週末帶著九歲的孩子去釣魚，河邊有塊告示牌寫著：「釣魚時間從上午九點到下午四點止。」一到河邊，父親就提醒孩子要先讀清楚告示牌上的警示文字。那位孩子很清楚只能垂釣至下午四點。

父子倆從上午十點半開始垂釣，直到下午三點四十七分左右，突然間孩子發現釣竿的末端已彎曲到快要碰觸水面，而且水面下魚餌那端的拉力很強，他大聲喊叫父親過去幫忙，這種情形顯示應該是釣到了一條大魚。

父親一邊協助孩子收線，一邊利用機會教導孩子如何跟大魚搏鬥，兩人經過一段時間的拉、放之後，終於將一條長約六十五公分、寬約二十二公分、重約七、八斤的大魚釣了起來。父親雙手緊緊捧著大魚，跟孩子一起欣賞著，孩子顯得非常高興又很得意。不料突然之間，父親看了一眼手錶，收起笑容對孩子正色地說：「親愛的，你看看手錶，現在已經是四點十二分了，按照規定只能釣到四點正，因此我們必須將這條魚放回河裡去。」

孩子一聽，趕緊看著自己腕上的手錶，證實確是四點十二分，但卻很不以為然地對父親說：「可是我們釣到的時候，還沒到四點啊！這條魚我們應該可以帶回家。」

此時，爸比就問兒子：「如果是你，你會放棄辛苦釣起來的大魚嗎？」

兒子低著頭想了幾秒，說：「要放魚回去。」

「為什麼要放回去呢？又沒有警察來看，也沒有別人看到啊！你不會捨不得嗎？」爸比一連串地反問。

「會捨不得啊！雖然沒有人看到，但是上天會看到，還是放回去比較好。」兒子邊說邊指著上面，答案似乎沒有搖擺。

爸比又問：「你想不想去釣魚？」

「會想釣魚，但是釣魚是殺生，不可以釣魚。」兒子又很正經地說。

當天晚上我有客人，所以沒親眼看到這一場對話，當阿財轉述給我聽的時候，我已經夠感動了，真不枉費從小對他的身教與言教。

這個故事接下去是，美國爸爸抬出上帝來告誡兒子，說上帝會看到你所作的一切，最後孩子含著淚望著大魚回到河裡，這個孩子據說長大後成為紐約一個極具良知的律師。

每個人在成長過程必定累積了數不盡的應該與不該，這些規則最初總是建立在外在的要求與目光之上，卻在長大的歷程中慢慢紮根在言行與思維當中，當孩子接受這些外在要求時，同時也吸納了背後的價值觀，真正影響一個人的是規則背後的價值觀，不是因時因地而定出的規則。

如果是我為孩子講這個故事，還會問他：「為什麼要規定釣魚時間是早上十點到下午四點呢？」其實我也不了解魚類的生態，只約略知道這段時間似乎是最不容易釣到魚的時間，問「為什麼」只是為了引起思考與討論。

我們可以用提問去幫助孩子思考各種規則的合理性與價值取向，訓練他們的質疑與思辯能力。有些規則可能對我們極不方便，但是當我們同意背後的價值觀，就會自發又歡喜地去遵守；若大家都一窩蜂去作某些事情，也要教孩子去辨識這股風潮背後有什麼意義，我們該不該去追隨。

關於釣魚的限制無非就是為了保護環境與生態，所以必須遵守規則。如果這次這對父子將逾時釣起的魚帶回家，下次會不會把五點鐘釣起的魚帶回家呢？會的；這個孩子長大後會不會跟朋友去不准垂釣處釣魚呢？會的，因為有一就有二，做不對的事是如此，教孩子做對的事，亦是追尋此必然的邏輯，接下去的三、四、五……累積起來，就是孩子長大後變成的模樣。

很多人問我為什麼離婚？我想這個故事可以用來說明一下。

同樣的場景，如果是前夫，他絕對會教孩子，沒人看見就沒關係啦！這是憑我的本事釣來的，放棄那麼大的魚更是很可惜欸！然後他會誇耀這次在時間的臨界點釣到魚。

他從商之後，可能因為職場上的需要，為達利益不擇手段的性格猛力茁壯，而我對於這種不道德的言行，婚前與剛結婚時的容忍度比較高。他去中國後，這部分的特質更加發達，欺騙說謊已經到劍人合一的境界，幾乎連自己都搞不清楚自己在說真話還是假話，被揭穿了還可臉不紅、氣不喘說，說：「都是你害我必須騙你！」

同時期的我呢？卻是鑽研女性主義、成人教育與佛學，理想性格與道德潔癖日益茁壯，那時的我，看到他的言行，心裡頭常出現一個清晰的念頭，我可以讓我的孩子有這種爸爸嗎？我的孩子將會變成什麼樣的人呢？

我無法改變他，只有不再勉強與他同行，放棄這條奮戰了很多年的魚。

這個故事透露著一個很簡單的價值觀——誠實。誠實，不是單純說真話，而是指：言行一致。說出的話都可以盡力做到，做不到時也敢於去面對，不會去掩飾、躲藏或是說謊。

認知與行為也能夠一致。價值觀與想法能夠與行為不相悖離，不想做的或是認為不該做的事情，不會也不必勉強自己去做。

內在各部分的認知，也盡可能一致。如果對同一件事情，有多重認知，這些認知又彼此衝突，必然造成內在的混亂，無法導向行為，又滋生情緒。

譬如說，下班時間到了，要像個「好女人」快快回回家煮飯，或是作個「好員工」留下來加班，還是為了「善待自己」，跟朋友去KTV。若三個認知都很活躍，不管做出什麼決定，一個行為只能與一個認知呼應，另外兩個沒有被照顧的，就會不爽快，此人也必須對另外二組相關人士說謊，說謊又會製造罪惡感等情緒，如此就開始惡性循環。

若孩子習於如此的環境，說謊就變成必然的生存技能，他說謊是不得已，卻也是故意的，此時任何劇烈的處罰也是枉然。

不誠實的孩子來自教養者沒有給予一致的價值觀，爸爸一套，媽媽一種，保母一個樣，祖父母可能又是另外一種模式，混淆的孩子不說謊也難生存。

能夠常常處於一致狀態的孩子，不容易去做出自害、害他的事件，比較不衝動，容易自己排除有害的欲望，擇善固執，挫折忍受力較強，情緒壓力較小，身心狀態就優，這也是我這些年持戒的心得。

小朋友常因好奇弄死了生物，不殺生戒是我常提醒兒子的。兒子會在早上提醒我，院子那邊有一隻馬陸不要去踩到喔！那邊有個什麼要小心喔！

上個星期去一個朋友家，有蒼蠅在盤旋，醫生朋友拿了橡皮筋打蒼蠅，他主動教兒子，我本要出言阻止，卻怕讓朋友失了面子，所以就只是靜默觀察，我相信兒子應該不會去打蒼蠅。兒子有禮貌地接受他的教導，卻看得出故意裝作學不會，過一會我走到兒子身邊小聲說：「不要打蒼蠅喔！」他笑笑回我：「知道啦！」又一次看到兒子的行為，反映著我教他的價值觀。

到底要不要放棄那條魚？如果這是你需要，又想要的，若擁有，你將快樂滿足，卻會傷害了某些認識的人，危害了不認識的人，破壞了你居住的地方，擾亂了不是你居住的地方，即使只是很輕微的影響，你要不要留住那條魚？

我們每天都為了該不該放棄那條魚，而擺盪，或思索，在做出決定之前，有沒有先想想，到底為了什麼要誠實？到底是要孩子遵守哪門子的道理？到底為了誰而遵守？在問孩子要不要放棄那條魚之前，為人父母的我們，是否該先問問自己？

什麼是孝順？

孝順是華人的傳統美德，是每個人都不會去懷疑的價值觀，也是自小深植腦中的行為準則之一。

但是如果找幾個成年人來請他們說說「什麼是孝順？」、「你都如何孝順著你的父母？」一定會遭遇一段的尷尬靜默。

二十歲的大衛，從電腦遊戲中眼神渙散地抬起頭來，「我好像從沒想過孝順是什麼？從小就是一直享受著父母的照顧，到現在還是在家中讓媽媽照顧我的吃穿住，讓爸爸照顧著我的錢包，我爸媽什麼都不缺啊？每次母親節父親節都讓我傷透腦筋，不知道要怎樣表達我的『孝順』！從小他們都說，只要我努力讀書，可以讓他們有面子就是孝順，我想只要顧好我自己，有空的時候陪他們吃吃飯，就是孝順了吧！」

二十六歲的發達，看著天花板，想個幾分鐘，「我孝順嗎？去年我奉子成婚，薪水自己都不夠用，老婆工作也是不穩定，又超愛買東西，娘家也常要錢，還好有老媽免費幫我帶孩子，奶粉、尿布錢忘了給，他們也不好意思跟我要，沒錢時，我就裝傻囉！反正是自己的媽，等我發達了，一定會孝順他了啦！我如何孝順父母呢？嘿嘿！以前看他們對阿公、阿媽還算恭敬，也做很多伺候他們的工作，可是我們年輕的都這麼忙，實在沒那種閒功夫像上一代這樣，生個孫子給他們帶，讓他們有事忙，有寄託，可不可以說是孝順呢？」

三十四歲的淑琬，蹙著眉頭說：「我孝順嗎？我常常回家探望他們，看病也都是我抽空帶去，三不五時給他們零用錢，我當然比弟弟孝順，可是爸媽好像只是欣慰，並不欣喜，我想我是一種『給』的孝順，弟弟也不是說不孝順，他是一種『要』的孝順。爸媽也說我孝順，因為我一直都在付出金錢與心力，弟弟呢，爸媽對他的期待就是他有在家裡，還需要父母，快點結婚生子，就表示他在乎父母了！其實說到孝順，我是點怨言啦！」

四十五歲的阿滿，停下手中做不完的家事，歪著頭想，「你說對誰孝順？婆家？還是娘家？去年底我媽過世，最後一面沒見到，出山那天才回去，當天就趕夜車回家照顧中風的公公，料理一家十多個人的三餐，洗衣服、打掃家裡，我沒做，就被先生罵，婆婆不會直接罵我，只會對著先生說我如何，我先生就來說我不對，二十多年，我從不辯解，默默承受。我孝順嗎？娘家哥哥說我不孝，一年回家看媽媽一次，匆匆來去，媽媽死了，也是匆匆來去，我好心痛！婆家也沒人說我孝順，公婆總是稱讚住在國外的媳婦偶而帶東西回來孝敬他，真是孝順懂事！我不知道什麼是孝順，只知道女人的命運就是認命去做，想太多，會很痛苦！」

五十五歲的財茂，很得意地說：「我孝順嗎？結婚十多年，我太太大部分時候看起來對我的父母還算不錯，只要太太對公婆恭敬不忤逆，親戚就會說我很孝順，小時候看到的孝子就是這樣！所以我一直很努力在督促太太按規矩奉待我的父母，如果太太有怨言，我會安撫，必要時也會罵她，只要媳婦孝順，家庭一定很和諧的，媳婦不認分，就很難啦！你說我如何去孝順？我只要督促好太太去孝順，常常問父母，媳婦有噓寒問暖嗎？有沒有做這個那個？有沒有孝順您老人家啊！何必自己做呢？」

什麼是孝順？請您也來段自問自答吧！

母親只是個尋常女人

自從上了學校，老師們總是教導（或是強迫）我們歌頌母親的偉大，我們總認為母親應該是偉大的，如果不是非常偉大，也得有點偉大。

如果在母親身上找不到任何偉大的蹤跡，心裡就著急著，開始怨嘆起我的母親為何如此尋常？

為何只是天天清晨喚我起床？為何只為我洗衣煮飯？怎麼只會騎著摩托車匆匆送我忘記帶的文具到學校？怎麼只會拜託老師要好好教訓我？怎麼不夠美麗窈窕？為什麼不是很有學問？為什麼沒有高尚的情操？為何有那麼多煩惱與抱怨？

偷偷地想著，國父與蔣公這麼的偉大，我媽媽的豐功偉業在哪裡呢？

孩子總不知道，母親只是個尋常女人。

當她年輕時，懷抱著對愛情與婚姻的渴望，而與我們的父親共組一個家庭，學習做一個妻子與媳婦（做一個媳婦當然是比妻子要艱難一些），然後生下第一個孩子，學習成為一個真正的母親（在成為母親之前，就被認為一定非得是個好母親了！），可能接著又生了幾個孩子，特別是必須生一個男孩，待父母往生之時，有一雙陽性的手可以驕傲地捧著父母的骨灰。

孩子總忘記了，母親只是個尋常的女人。

當母親全心全意愛著孩子的時候，必然在自己的夢想與欲望中掙扎，然後大多數時刻選擇放棄了自己，去成就我們的父親與我們。

因為她愛我們，而願意忍痛放棄自己的才華與熱切，這些放棄卻讓她更加尋常，更加平庸。日子一天天過去，她必須忘記年少時讓她滋生愉悅的諸多嗜好與幻想，否則她就不能成為一個模範又偉大的母親。

然而，她期待自己成為偉大的媽媽嗎？她夢想自己成為模範的母親嗎？

她只是因為愛，不斷想著要如何滿足有著無窮欲望的先生與孩子！她只是因為安於女人之道，不斷想著如何封住家族中人對她批評與挑剔的嘴！

她從不想偉大，也不刻意模範，她只是因為生下了我們，而愛著我們。

我們依舊在尋找著偉大的母親，如同永遠在尋找偉大無邊的上師。

尋覓著母親的偉大，也對母親的平庸，心生不耐；希求母親的偉大，我們也不能克制，去責備母親讓我們不夠滿足，抱怨她給我們不夠多；盼望著母親顯現出偉大的神蹟，卻老是看到母親的不偉大。

偉大的母親，讓孩子在看著母親的時候，不能知道母親的需要與欲望，不能同理母親的盡力與窘困，不能接納母親的煩惱與痛苦。

當不能知道母親、不能同理母親、不能接納母親，就不能自然生出如地底湧泉般對母親的感激，於是，就難以有孝順的發生。

孝順是一種人際關係

一談到人際關係，重點都自動擺在公領域，其實家庭中的人際關係對一個人的個性、情緒，甚至學業、事業的影響，更甚於其他的關係，而我們討論親情時，大多不先以人際關係經營的角度來探討。

其實家庭是每個人最初的人際關係發生的場域，經營人際關係的基礎學習都是來自家庭。父母是子女第一個發生人際互動的對象，父母、子女的人際關係甚至不會因為某方的死亡而完全消滅，反而因為親密或是價值觀而代代延續著，牽引著這個延續的就是所謂的孝順，孝順是家庭中人際關係的一種命名，也是發生在父母與子女、子女的配偶、祖孫間的人際關係。

人際關係的狀態充滿了關係中人帶入的偏好，就像每個人有自己的飲食偏好與衣著風格。

有些父母喜歡長幼有序的關係，偏好高高在上地被尊敬侍奉著，如果此需求沒有滿足，就會出些主意，好好考驗一下晚輩對他的尊敬指數，這樣的孝順關係充滿了服從、要求與嚴酷考驗；有些父母習慣用孩子來證明自己存在的價值，孝順的孩子必須不斷奔向父母指定的方向，努力追求父母期待的成就，以榮耀家族，孝順就會被掛在門楣上，父母將得意於如此的親子關係，如此的父母容易將親子關係化約為占有的狀態，掌控就變成關係的主軸；有些父母喜歡與孩子維持一種不牽絆又平等關係，在意的是彼此交心的深度與廣度，互相鼓勵，替彼此設想，真心的情意交流是延續孝順的核心物質。

既然孝順發生在人際關係中，孝順就是一種雙向度的互動狀態，不能只是以子女必須服從、照顧父母的這個向度來審視孝順，而是在孝順的過程中，彼此都能夠去思量對方處於什麼立場？去思考對方過去生長於什麼樣的世界？現在又生活於什麼條件的世界？

在這些思考下，子女要學習去接納父母的不足與不知之處，父母也要能夠去看到子女所遭遇的障礙，雙方都要學習去看到，自己看對方的眼睛裡，充斥著什麼樣的情緒與期望。

時代雖然改變了，還是需要保有古老的孝順價值，只是關係流動的模式必須因應時代的變動而更新。

在過去的時代，父母甚至就是孩子的師父，子女的生計就靠著父母經驗的傳承。現在的時代，除了做人處世的道理，很多其他的事物，父母卻必須以孩子為師，跟孩子學習新科技，從孩子那嗅到時代的快速轉動的煙硝味，從孩子的一言一行中看見自己有待學習的部分，此時，父母與子女已經互為師徒，交互提攜成長了。

孝順在二十一世紀，不再僅僅是子女盡心奉養父母的一種美名，是雙向度的關係，也是一種互為師徒的關係，更是一種必須學習與經營的人際關係。

活孝順與死孝順

在華人傳統的親子模式中，總是在表面上禮敬尊長不敢踰矩，實質上在長幼有序之中，不時充滿大壓小的壓制性姿態與負面素質的關切，這些慣性模式導致彼此都還活著時，難以親密又無礙地相處，表面上敬畏，實際上充滿恐懼，或是怨懟！特別在典型的華人父子關係裡頭，某些兒子若有心想盡情孝順父親，其實不只是有點難而已。

到底在什麼時候表現孝順比較無障礙呢？是活時，還是死時？

父母剛死去的時候，表現出濃稠的孝順有時是比較容易的，一是因為禮俗規矩自然給我們空間去哀悼，二是那個難相處的老爸或老媽已經不再有機會擺著嚴厲臭臉給我們看了，接觸他時，我們不再心慌亂又緊張，因為他已經死了。

跪在靈堂的照片前，眼淚流著心裡想著，當他的孩子這麼多年也沒聽到過什麼讚美，內心的感情話從沒能說出口，對父母的愛也不敢說出來，現在他死了，什麼話都可以對著靈堂說了，不用再怕被罵了！不過，心裡還是懼怕他會不滿意這喪事的辦理，偷偷下了決心，一定要辦得讓他在地下大聲讚美我。

在悲傷之餘，雖然心裡頭藏著很多遺憾，說實在的，也偷偷鬆一口氣。

對於親子關係不佳的家庭，死孝順反倒比活孝順容易的多！拜醫學發達之賜，現代兒女在父母將死之際，盡情扮演孝子女的機會陡然增加。

過去醫療不發達的時代，老人在身體衰敗即將往生之際，一定是待在家中讓子女服侍著，在子孫的環繞下自然往生；現在呢？即使老人家即將自然往生，運氣不好給子女發現，就即刻被送往醫院急救，心肺復甦、插管、電擊、注射藥物，最後被送入加護病房，手腳被綁在病床上，要死不活著拖著幾天，受盡折磨就為了讓子女宣示不想輕易讓父母死去，最後，老人家不免不自在又不舒服地在醫院中死去！（即使有子女在旁，醫院怎會比得上家裡那張睡了幾十年的床？哀嘆著我竟然不能死在自己的床上！）

老人家這麼委屈，全是為了成全子女最後盡情盡孝道的機會。

本來可以有尊嚴地自然死亡，拋卻此生已然敗壞的軀體，換一個新的軀殼再來人間學習，卻因為醫療的過度介入，孝順的子女一再送他出入醫院，割這裡、開這裡，打這個、注那個，弄得手腳淤血，身心皆痛苦不堪，出院後又被逼吃一大堆的藥物，搞得胃口大傷，甚至全身都瀰漫著藥物的副作用。

如果六、七十歲時，不幸生了像是癌症這類的病，在醫療的照顧下，所承受的痛苦著實比病苦本身更加的多，孝順的子女希望父母可以長命百歲，卻不必替父母承受醫療積極介入後身心必然承擔的痛苦，父母為了接受孩子的孝順，兀自孤單地忍耐著，不能拒絕醫療的介入，不能說出自己的無助，如果抱怨醫療的負作用，或許還會引來子女的責罵，說他不配合，這樣怎麼會好？

可是已經活到這歲數了，他真的想要「病好」嗎？所謂的病好，生活品質又能好到什麼程度？使用過多的醫療，想要延緩父母的老死，是否真正益於老年的父母？

孝順的子女真正在乎的到底是什麼？是活著時，親密相處中的孝順？或是，將死之際，為了不讓自己無父無母，而做的掙扎？抑或是，已死之後，做給親戚朋友看的孝順？

帶著相信去接受孩子的孝順

當含辛茹苦把孩子撫養到可以回饋你的年齡，你是否毫無懷疑地相信孩子們一定能夠孝順你？你是否相信孩子願意護持你安心度過晚年？

如果看完以上的句子，你的臉上浮現微笑，心中即刻出現了「是的，我相信！」你是真的相信自己有此福分，你是真的相信孩子有此孝心，而你將能夠完全吸收孩子對你的愛。

若是你看完之後，心意搖擺著抓不到答案，你應該是不敢相信你的孩子能夠孝順你。

抓不到答案的同時，惆悵情緒微微升起，你的心裡出現這些聲音：「他平常對我那種態度，叫我以後怎麼敢指望他？他連自己都顧不好，我老了之後那敢想要依靠他？」

錯綜複雜的情緒帶著你去尋找孩子不能孝順的諸多原因，你的不相信被你自己的思緒加強了，不管你找到的理由是事實或是幻想，孩子儲存在心中尚未開始實踐以及已經實踐的孝心，將被你的懷疑排拒在心門與腦門之外。

擔憂孩子不孝順的父母，必定在對孩子的期待中加入了負面的預期，然後不由自主地散播出讓孩子痛苦的話語與行為！

其實，看起來再怎麼不孝的孩子，心中依舊對父母有愛，還是會想對父母表示一些孝心。

當父母帶著不相信眼光瞧著孩子，孩子的孝順就必須要用力擠壓，才擠得進父母的心門與腦門，父母的腦門用懷疑程式詮釋這孩子的孝順，心門就收不到孩子的心意了！

好不容易擠進門的孝順，卻因你帶著不相信的眼鏡看著他所做的一切，使他沮喪難過而不敢或不願試著再擠一次，於是就落入更多的話柄，成了一個不顧念父母的不孝子女。

明明渴望孩子的親近孝順，為何又不能肯定地相信孩子一定能夠孝順你？

孝順是孩子對你的愛，你相信孩子深深愛著你嗎？因為相信，才能感受到孩子對你的愛；當相信越少，感受到的愛越稀薄，越輕易否定孩子對你的愛，也容易在有意無意之間拒絕了孩子對你的孝順。

若不能相信孩子一定會孝順你，當你漸漸老去的時候，越發不能克制地去擔憂孩子不願孝順你，閒而無事就努力幻想著孩子將棄你而去，這些幻想於是製造更多讓孩子的孝順無法擠入腦門的想法，也製造出讓孩子的愛進不去你心門的障礙。

你相信孩子在現在與將來會孝順你嗎？真的相信嗎？若你是全然相信孩子，他的孝順一定非常自然，你接受孝順的姿態也是自在的！不會有欲拒還迎，不會有莫名其妙的挑剔，不會心裡明明高興，還要找個藉口生一下氣，發一下火。

對孩子的相信與不相信皆始於童年，孩子小的時候，你對他的愛裡滲透著不相信，長大後你一樣不能相信他，這個不相信已經在歲月中堆成一座山，孩子想要孝順你，就非得在山中鑽個隧道，這隧道幽幽暗暗，又九拐十八彎，讓彼此的愛找不到對方。

父母與孩子之間，愛的流動是天經地義，因為有愛，孩子對父母的孝順也是無可阻攔的，你希望孩子對你的孝順可以通暢地流入你的生命嗎？快點除去心中若有似無的不相信，讓孩子可以毫無阻礙地孝順你吧！

新年祈願後的真祝福

新年的祝福有真？有假？你相信嗎？

好腰阿嬤除夕那天做晚課的時候，舉起三柱香對著佛菩薩喃喃自語：「我的兒女、媳婦、女婿、孫子們個個都是勤奮努力，雖然有人失業無頭路，不過他們個個做事做人都是盡心盡力、問心無愧，我相信他們在新的一年都會順順利利、平平安安，祈願諸佛菩薩慈悲保佑我這些孩子、孫子，讓他們都能心想事成，吃頭路的得到老闆的賞識，讀冊的得到老師的疼愛，做頭家的，屬下都能幹有擔當，也請佛菩薩加持他們個個都感恩惜福、善緣圍繞，也個個都是別人的善緣，阿彌陀佛，我知道我一年老過一年啊！我感恩我還能動，雖然老了，我知道我還能拜佛，請佛菩薩加持我這把老骨頭雖然有病痛，還是能在病痛中修行，在無常中觀空滅苦！」

囝腰阿嬤大年初一，一大早就起身，家中的晚輩因為通宵打麻將才剛去睡覺，阿嬤獨自一個人舉起馨香對著神桌喃喃自語：「佛祖啊！我足煩惱欸！我的兒女、媳婦、女婿年終獎金都領一、二個月而已，我看報紙寫的，別人好像都領得很多，不知道他們明年會不會領更多？還是會沒有獎金可以領？唉！我看我孫子讀書讀得真辛苦，今年就要學測，我看他好像有點考不上的樣子，我孫叫我不要煩惱，我怎麼可以不煩惱呢？現在連大學畢業也不一定有頭路，他若是沒考上最好的大學，以後就會沒出路，這個囝仔就艱苦囉！我死嘛沒放心！唉……我這些子孫好像運途都不順，新的一年又要到了，他們的歹運不知道會不會繼續下去？請佛祖保佑他們好運得貴人，也保佑我每天對他們擔心的事情，他們都會聽進去，每天注意自己不要有意外不要有閃失，請佛祖保佑他們賺大錢，考試得等，事事順利……我越來越不中用，請你保佑我身體無病痛……」

好腰阿嬤在傳送祝福時，因為真心信任子孫的能力與品格，也因為真心相信她的祝福一定可以在祝福的對象上實現，當祝福送出的時候，這就是真祝福，祝福的威力必然廣大無邊，並且後座力十足。

好腰阿嬤的祝福光是聽在子孫耳裡，加持力已經開始發揮威力，當子孫們面對外界的凶險與競爭時，因為擁有阿嬤對子孫的信心，就能夠帶著樂觀的心去面對不能預測的未知與不能掌控的不確定，好腰阿嬤的祈願是子孫們的不打烊加油站，疲倦或是挫折時，一想到阿嬤對自己的信心以及在佛前的祈願，就知道自己一定可以克服困難，活得亮麗，佛菩薩的加持只是錦上添花罷了！阿嬤的加持已經具足大威神力！

另外一個罔腰阿嬤，她的祈願中充滿了煩惱，子孫們有了某些收穫，她就煩惱這些成就會消失；子孫們沒有得到的，她怕他們永遠達不到目標；子孫們有的優點，她看不到；孩子們沒有的缺點，她拚命幻想可能會出現；還沒發生的好運，她想像不出來；不會發生的噩運，她努力發揮想像力去編織成形；她的祈願是假祝福。

假祝福最好不要給子孫們聽到，他們若是聽到了，原本有的樂觀心境，必定大大受到打擊，假如本來就有點困境在眼前，解決困境的信心必然因此受到挫敗，像是洩了氣的氣球，面對當下與未來的能量頓時大量流失，缽已經有了裂縫，佛菩薩的加持可能尚未被吸收就開始遺漏了！

家裡的老菩薩們，你的祝福是真？還是假？當你看到這篇文章時，不要忘了，一定要送給子孫們超級大的具足大威力的祝福喔！

因年老而成長

俗話說，家有一老，如有一寶，但是難以溝通對話的關係卻成為成年子女的負擔與遺憾，與老年父母心靈空虛、憂鬱的原因。

成年子女與老年父母間的溝通困境，可以從兩個角度來探討，一個過去行之有年的家庭溝通慣性，另一個是因教育而產生的家庭中階級流動。

父母在孩子小時候表達關懷與愛的方式，孩子是毫不保留地照單全收，等到有一天，這孩子成為父母的供養者，他也會用當初那套嘴臉來「孝順」已經變老的父母，卻一點都不自覺。如果從小家人之間表達愛的方式都是借重物質與要求、教訓，長大之後對人的關心方式自然承襲這最初的學習，除非他已經遭遇挫折而產生重大的自覺。

這樣的模式卻無法真正滿足一個人對情感的渴求，所以接受者總是心存遺憾，甚至暗暗的怨懟，這種孝順的行動難以滿足一個人最根本的情感渴求，而此人也不知道自己需要什麼，只能夠用負面的方式傳遞不滿足的訊息，而導致關係更加疏離。

另一個因素是家庭內的階級流動，台灣父母都是竭盡所能讓孩子讀書拿文憑。當孩子一步步爬升，父母深深引以為榮時，他們的世界卻相隔越發遙遠，孩子的日常話語、關心事物、生活習慣都漸漸與父母大相逕庭，父母的關心依舊維持在舊的認知當中，以他自以為最正確的模式來看待並要求孩子。

然而，漸漸長大的孩子，所遭遇到的生涯抉擇卻是父母難以想像與插手，父母所有擁有的經驗已無法給子女符合潮流的建議，甚至不再能夠理解子女所追求的目標，親子雙方對於當下與未來生活的認知及規劃有個極大的落差，使他們難以對話，甚至難以一起生活。

此時父母因此常有股被孩子輕視的感覺，覺得孩子刻意疏遠他，而覺得傷心落寞。

孩子也有孤寂無助的感受，因為覺察了原來對父母的依賴已經到達極盡，從此都得靠自己去摸索，多說只會惹來叨唸與衝突，於是有時就羨慕起他人的父母，有些人即使已經年屆中年，都還可以從父母那得到有效的忠告與建議，相較之下，自己的父母如此無知卻拚命想管制已經活在另一個世界的孩子。

於是雙方各自閉鎖在彼此的世界中，依舊相愛卻不再溝通。

這些年在個案中，發現除了婚姻與親職問題之外，成人最大的困擾是與父母的關係，但是礙於孝順與倫理之名，大多數人都不能以此問題而求助。

老年父母勢必再學習，他們的學習與成長靠的就是成年子女，當成年子女不再用父母教的方式對待父母，才可能突破已經冰封的關係。

而慢慢變老的父母，當看見孩子因成長而漸漸離開自己之時，千萬不要用負面言行企圖喚回孩子，他因父母的培育而展翅，晉升到另一個社會階層，父母應該欣喜，同時有自知之明，知道有些事情自己不能插手太多，但是愛、支持與信任卻是成年子女在奮鬥中不可少的養分。

對父母的無盡濡慕

在工作坊中，幾乎每個人都是來尋求身心的治療，身心的創傷無非來自戀愛、婚姻、工作、家庭等等，當近期的創傷逐漸因治療與成長而褪去，童年在家庭中烙下的痕跡慢慢裸露出來，此時才驚呼，原來成年後的經歷也都是家庭衍生出來的戲碼。

此時與父母有關的創傷就成為最後治療的重點，但我們卻不能、不願與不敢去說，是父母造成我們的創傷，即使他們的愛可能用最無情的方式來表現，我們卻永遠希望自己能相信他們最愛我們。大家都歌頌愛情的天長地久，其實對父母的濡慕才真正是海枯石爛，至死不渝。

家庭之外的傷害總有療癒的一天，家庭內的創傷卻是極難修復，家庭外的人來來去去只出現在生命中的部分時刻，家庭中的成員卻一生與你的生命交纏不休；因為關係恆存，所以我們總是奮力地指責家庭外的人對我們造成的傷害，卻從不敢真切去看到家庭內的成員對我們的不良影響與型塑，特別是我們的父母。

過去的種種牽動往後的一切，當他們老了，彼此的位置於是對調，童年時期溝通不良的模式像影像倒帶一樣，再度重演，孩子使用父母過去對待子女的方式去表達所謂的責任與孝順，也同時壓抑著對父母的不滿，父母也用過去那一套來對待已經長大的孩子，卻因為年老而依賴更深、索求更多，於是，彼此深深依戀，又厭惡、恐懼對方的存在。

但是這種種，也都只能放在心底的深處，在每日的相對中都不曾有機會探出頭來。日日的相對中，說的都是吃啊、喝啊、睡啊、錢啊！用叨叨念念、教訓、預測一些不常發生的事情，來表達對子女的關心，用索求、抱怨、說別人家的孩子如何，來要更多的關心與尊重，來證明自己是個有孩子孝順的老人。

這些成年或是已經中年的孩子，能用什麼回應呢？衣服、食物、醫療，除了這些不知道還能做什麼？每日例行的問候，吃飽了沒？吃藥了沒？……除了這些話不知道還能說什麼？說得更多可能又開啟一段不愉快的對話，也擔心洩漏的心底的秘密，索性大家都不再說話，一起看著演不完連續劇，而劇情裡面可能恰好說著各自心裡說不出口的話。

家庭和樂的秘密就在於無礙的心靈互動，不是物質生活的無缺供應。

年邁的父母親是否可以用不一樣的眼光來看已經成年的子女呢？是不是可以用正面的言行來要求關心與體貼呢？

已經成年的子女，必然必須正視父母過去曾有的不適當的愛，並試著用成年人的成熟來接納父母對我們曾經的壓制與傷害，當你與老年父母能夠有充分的情感交流，同時也在預演自己的晚年，你的孩子將以你對待阿公、阿嬤的模式與心意來對待老年的你。

為了我請不要死！

龍華與玲華的母親罹患癌症的診斷確定後，已經喪偶多年的母親倒是平靜，反倒是已經中年的兩兄妹似乎承受不了這樣的噩耗，情緒失控到幾乎是驚慌失措的程度。

二十年前老伴也是癌症過世，她很明白癌症治療的痛苦，已經老弱的身體與意志力，是經不起強力治療的考驗！所以一開始她就平靜地對孩子說：「媽媽已經七十歲了，也活夠了！不要接受積極治療，只要消極治療，不要太痛苦，就可以了！」

玲華一聽就痛哭流涕，拉著媽媽的手說：「你不可以這樣就放棄，請你為我們著想，不要讓我們沒有爸爸，又沒有媽媽……嗚嗚……」

龍華抿著嘴不說話，眼神透露著痛苦，「媽媽，怎麼可以講這種喪氣的話，你一定治得好，現在醫療這麼發達，不比爸爸那時候，我們一定要打敗癌細胞，讓你活到一百歲！」他覺得自己非常虛弱，勉強擠出笑容說著話，腦中出現在公司的激勵課程中講師帶領的吶喊，好想拉起媽媽的手，一起大聲呼喊激勵口號，好麻痺大家震驚過度的神經系統，當他這樣想時，突然覺得自己非常可笑，這結骨眼兒那些花樣怎麼會有效？

媽媽不知道自己是幸？或是不幸？有兩個如此孝順的孩子，因為他們的苦勸，她只有順著孝心去面對化療的痛苦，當化療的負作用發作得厲害，她心裡就想著，若是我沒有生病，頂多能再活個十年到八十歲，就已經很有福報了，就算現在就往生，也是無遺憾、無牽掛，可是為了再活個幾年，而受這些罪，弄得半死不活，難道是我的業障太深，活該因為孩子的孝順，而承受這些像是地獄裡的苦罪嗎？

她決定不再接受化療了，一切到此為止，不要整天趟在床上等死，不要在醫院耗掉最後的歲月，她要有品質地度過最後的日子，如往常一樣去寺院跟老姊妹一起培福典座、一起念佛拜佛，早上去公園跳元極舞，下午接孫子去公園玩，順便與老朋友聊聊天，一年一次跟著師父出國參訪分院，「我這一生都是為了先生、孩子與家庭的需要而活，現在我要自己掌握最後的好時光！」

玲華先知道了媽媽的決定，她很生氣，打電話給哥哥告狀，好似媽媽犯了天大的錯誤，她覺得媽媽好自私，怎麼可以不顧他們的感受就自己做決定，媽媽竟然說：「這是我的身體，我可以自己決定，佛說『自己的痛苦，別人無法替代，自己的業力，別人也無法替我承擔』，我決定要承擔我的病，不去抗拒。」

媽媽對他們說：「你的孝心，我了解，但是你們的孝心不能減輕我的痛苦，反而讓我更加痛苦，讓我不能自主，我已經為了你們付出我的大半生，現在請不要再叫我為了你們而受苦！

如果繼續這樣治療，我覺得我會更早往生，而且是痛不欲生地死掉……」

玲華抓著媽媽因治療而枯槁的手，哭泣著說：「媽媽，你不能死啊！你死了，我就沒媽媽了！」媽媽也流著淚，面對如此執著的孩子，媽媽心好痛。

龍華也默默流著淚，他卻有點懂了媽媽的意思，若是與父母親情濃厚，不忍父母老死，這是為了滿足自己？還是為了對父母盡孝道？

「媽，我知道了。」龍華伸出手臂圍住媽媽與妹妹，「我們不要再抗拒，要去接受，然後更快樂幸福地度過這些日子，不管還剩下幾天，或是幾年！」

理所當然的感謝？還是要求？

我們經常自動自發地感謝他人的給予，在寺院用齋，我們感恩，去便利商店接過一瓶礦泉水時，隨口說謝謝，下了計程車付了錢，也不忘對司機道謝。我們用極小值來度量陌生人的給予，雖然心裡不是十分感激，但是謝謝還是說得出口。

偶爾相遇的人，客氣友好，我們用極小值來度量，很容易看到多出來的給予，日日相見關係親密的家人為我們做的，我們卻用極大值來檢查，習慣一眼就先看到不足的那一些些。

子女與父母最基本的關係是接受與給予。對於父母的供應，我們習慣用極大值去評量？還是用極小值去接受？

幾十年前，一個家庭常有七八個手足，父母忙於生計，涉入子女生活的程度較低，孩子對父母只有極小值的要求。父母生下我，沒讓我餓死，不足的不夠的，我得靠自己去獲得，並且理所當然必須跟父母一起撐起這個家，對父母的感謝是理所當然，大過對父母的要求。

隨著台灣經濟的起飛，家庭子女數降低，父母影響孩子的深度與廣度大幅提高，不只父母對孩子有更多期待，孩子對父母的期待更加「多元化」，孩子的胃口被越養越大，對父母的理所當然要求，遠遠多過感謝。一直到現在平均一個女性生不到兩個孩子，父母必須為孩子做的

「理所當然」，更加大量在孩子心中建檔。

父母越有供應能力，孩子心底的「理所當然」清單就越長，這清單越長，抱怨父母服務不周的機率必然提高許多，孩子感謝父母的機率如同生育率，大幅滑落。

某些中產階級父母對待子女的態度越來越像服務客戶，不僅努力討好，也努力推銷新產品給客戶，孩子的生活塞滿各種學習活動，也塞滿各式各樣父母取悅孩子的活動。

長大了出社會，買第一輛車，父母高興出錢，結婚買新屋，父母已經準備好頭期款，孩子生下來，送回去給媽媽養！不僅省錢，又可以省力氣，有錢就給，錢自己花都不夠的話，倆老也有辦法自己出奶粉錢，假日或是晚上去看孩子的時候，順便就可以孝順父母，吃媽媽的晚餐，打包一些飯菜回家，真是一舉數得。

理所當然要求的清單，塞滿子女的心，對象是父母，這個心異常擁擠，不會有太多位置可以開出另一個清單——為父母而做的理所當然清單。

若父母沒有滿足我的期待，長大的子女比年幼時更容易抱怨。

當遇到就業、愛情與婚姻的困境時，現在流行去上成長課程，上來上去，那些外國來理論說，這些都是原生家庭帶來的不好影響，所以你現在會跟配偶無法相處，工作不順利……反覆聽到這些，心裡就更加怪罪起了父母了，覺得父母為什麼少給我這麼多？為什麼如此虧待我？

為什麼害我這麼慘？

可是，父母真的給我太少嗎？父母要怎麼對待我，才能夠叫做足夠？

若是父母對我的影響，真是負面大過正面，長大後只是不斷抱怨著這些過去發生的事情，或是不斷說著，我會如此，都是原生家庭害的……能夠改變當下的任何一件事情嗎？或者是上完課程去質問父母，都是你們的錯，這又能對我的未來又何幫助呢？

除了極端虐待子女的父母，大部分的爸媽替子女做過的，都多過子女所抱怨的不足。而大部分成年子女為父母付出的，都遠遠低於父母從過去到現在所給予的，甚至現在的老年父母所給予的都往下跨越兩代。

檢查一下自己心中對父母理所當然的感謝多呢？或是理所當然的要求，比較多？覺得爸媽給我的，夠了？還是不夠？

他們給的不夠，我是不是依舊認定是他們欠我？

還是我可以告訴自己，我已經長大，我有能力可以自己滿足自己了。

若我可以靠自己的力量滿足自己，對父母的理所當然要求稀少了，感謝就有了增加的空間，父母過去給我的愛，我才能夠真正吸收，化成對生命的滋養，我才能夠自父母的愛中覺得飽足，全然認知到父母親真的很愛我，我對父母的愛才能轉為無怨無悔的孝順。

歡喜做、甘願受

如梅結婚六年了，自從婚後第二年，每年過年前一二個月，她就焦慮難耐，越接近過年，胃痛、失眠就越發嚴重，情緒變得喜怒無常，今年的症狀又比去年提早發生，嚴重到幾乎無法上班的地步，就醫後被診斷得了憂鬱症。

在從夫居尚未鬆動的時代，女人一定必須依著先生的家族來守歲迎新年，還必須一肩擔起新年期間龐雜的家務，除了勞務上耗費心力，還必須放棄自己的意見、習慣，接受婆婆的命令與指導，但是這些都不是造成心理壓力的主要原因。

焦慮的原因之一，是因為承擔勞務過程中，也承擔著這個家族中女性代代相傳的負面情緒，這些負面情緒化身成婆婆對某些事情的堅持，也隱身在莫名其妙的指責、嘲諷中，而這些指責的原由多數都無關於這個媳婦，這些負面情緒的傳導大多數只與這家族中女性的集體負面情緒有關。

另一個焦慮肇因是，女人不敢表達自我，總是用「我本來就應該」來制約自己的慣性。

女人「在家和萬事興」的前提之下，無法逃避過年期間的重責大任，所以一定要去學習如何讓自己在這個團聚的季節裡「真正」的歡喜做、甘願受。

全然的「歡喜做、甘願受」的存在非常稀有，大部分女性所面臨的現實是不歡喜做卻強迫自己甘願受，當這個甘願受被強迫操作的時候，原本就有的不歡喜變得更加強烈了，原本歡喜做的，卻因為強迫操作著甘願受，歡喜做的部分也被侵蝕了！

世間事，不可能都如我心意，做人家媳婦的更加必須體悟這個道理，我們這些做媳婦的要如何在這個溫暖又惱人的季節裡，讓自己快樂又歡喜呢？

重點在讓自己快樂，如果違背了長輩的心意，也不會覺得快樂，但是事事順服，也不會快樂。這看起來是兩難，其實可以不是，只要加入合理的表達與溝通，用說服與協調的動機來完成過年的事務，年年如此，婆媳關係就能年年進步，而不是每過一個年就每下愈況。

如梅反問：「怎麼可能溝通呢？怎麼可能說服？協調更是根本不可能！」我問她：「你去試過嗎？」她說：「沒有！我怎麼敢！」接著氣憤地說：「根本不可能加入我的意見！當我做了不一樣的，婆婆就會不高興！」

關鍵點不在於婆婆怎麼要求，媳婦如何去聽從，而是在於媳婦如何讓自己歡喜做？如何在「做」中，放入自己，能放入自己，才會歡喜做，才可能甘願受。

我問如梅：「你是否試著表達自己，是不是有自信地又用分享的態度來表達？或是只是在心裡與大腦中抗拒，身體還是聽從婆婆的指揮？」

你的表達若是用批評的口吻，好像是在說我家這樣好，你家比較差，如此就無形中讓婆婆升起的防衛心，不願接受你的意見。

我再問她：「當你累了，或是無法承擔的時候，會不會說出來，讓他們知道，也讓自己有機會休息？若她說了什麼讓你難堪的話，你是否敢於適度地表達你的情緒？」

當媳婦必須負擔大量家務，卻又不能表達自己，也不敢因為疲累而拒絕或是暫緩的時候，原本歡喜做的，都成了不甘願受。

新年裡，祝福所有辛勞的女性，若不歡喜做的，就不要做，或者試著去改變自己的不歡喜心，若是不甘願受的就不要去受，或者試著去改變自己的不甘願，千萬不要強迫自己歡喜做，又強押自己甘願受！不必一切隨境轉，當媳婦相信自己是可以表達自己的時候，境才可能隨我轉。

是孝順？還是依賴？

剛交往時，聖發就開始要求惠惠不要在外面約會吃飯，希望回家跟父母在一起用餐，他總是對她說自己很顧家，很重視父母。惠惠聽了心裡暗自高興，這樣的男人一定是好丈夫，不久就結婚了，婚後跟公婆與小姑住在一起。

婚後惠惠才發現婆婆對兒子的照顧簡直無微不至，先生也非常享受媽媽的照顧，在家裡幾乎是只要張口即可。

婆婆仔細教導著惠惠如何按照她的方式照顧聖發，一方面監督著她，擔心兒子沒有被照顧好，一方面卻又與她競爭著，害怕媳婦包下對兒子的照顧，她就失去了兒子的關注。

惠惠並不想跟婆婆競爭，更不想要用婆婆規定的方式與先生互動，她結婚是想要成為一個妻子，不是當傭人，也不想取代先生的母親，每當與先生溝通時，卻總是聽到聖發重複說著：「我家就是這樣！我媽就是這樣！早就跟你講過，我凡事都是以我媽為重！」

這對母子如此的相互依賴，這婚姻對惠惠而言，幾乎沒有空間可以介入，甚至連性生活都受到婆婆的干擾。

在衝突中，聖發指責惠惠，罵她不安於媳婦的角色，沒有跟她一起孝順母親就罷了，還不斷破壞他做為一個兒子應盡的孝順，惠惠的要求都是要陷害他變成不孝子，但是惠惠怎麼也看不出聖發做了什麼孝順的好事！

當一個成年男子在言行上，表現出非常在意父母的傾向，或是生活上的各方面都與父母親非常密切，或是經常開口、閉口都是我爸說、我媽說，涉世未深女孩可能會認為這個男子很顧家、很孝順，因為有個傳言是——孝順的男人就會是個顧家的好丈夫，就因此對他心生好感。

可是很少人說出另一個真相。

做丈夫其實跟做兒子是不同的兩碼子事，按照邏輯推理是不應該使用同一個標準來衡量，就像是一個人愛玫瑰，也可以愛茉莉花，但是不能說此人很愛玫瑰，就一定會很愛茉莉花。

此時女孩對男子的好感不是來自愛情，而是來自對婚姻不安，且因為對自己的情感沒有覺知能力，需要找一個標準向度來加強虛弱的自信。

「孝順的男人一定是個好丈夫」這個傳說，自古以來不知製造了多少的怨偶！過去的女人深感痛苦也無空間迴身，現代的女性則不然，於是在表面的孝順中，深深依賴父母的男人經常因為結了婚而限於兩難之中，太太可能會在忍無可忍之下要求先生「二選一」。

一個男人需要在太太與父母中只能擇一，是極其痛苦的。難道太太喜歡這樣逼迫先生嗎？

這一定不是她的初衷，原本她是不願的。

這難題如何解開呢？一端在男人，一端在父母。

難道男人孝順自己的父母有錯嗎？當然沒有錯。錯在於他不是以成人的態度孝順父母，而是以兒童的姿態在依賴著父母。

依賴著父母為何對婚姻造成傷害？為何讓太太無法忍受？

當一個男人表面非常孝順，骨子裡卻充滿依賴，就無法與伴侶組織自己的家庭，他必然一隻腳跨在原生家庭中，另一隻腳在新家庭中，甚至屁股還坐在父母的客廳中，只有腳指頭伸到與太太共組的家庭中。

一個婚姻代表一個家庭，若是依舊與父母同住，其實他是沒有機會建立「自己」的家庭，也可以說他沒有因為結婚而有了家庭，說穿了他只是娶一個太太跟他睡覺罷了！其他一切都照舊，婚姻對他而言，沒有帶來成長，在家庭中，他的兒童角色依舊重於丈夫角色。

除非男人真正覺悟到，我已經是個丈夫了，願意脫下媽媽的乖寶寶這個角色，難題才有望可解。

他依舊可以為了孝順媽媽而穿上乖寶寶裝，但是他心裡明白自己是孝順媽媽才這樣做的，他並不依賴這件乖寶寶裝。

另一端，當孩子結婚，雖然與父母同住，父母親需要有一個重要的改變，需要告訴自己：「我們依舊是父母，但是終於卸下照顧者的角色了！孩子結婚了，必然在各方面獨立自主，他們必須彼此照顧，攜手經營自己的家庭，我們兩老終於可以卸下重擔，以後只有在兒女需要而要求我們時，才出手援助，往後的時光都是我們自己的，孩子的結婚日就是我們開始完全為自己活的日子了！」

男人需要有此覺悟，女人亦然，真正轉了大人，才能孝順年老的父母，才能經營溫馨的婚姻，才能成為稱職的父母。

是誰在娶妻？

「阿發嫂，恭喜喔！聽說你快要娶媳婦囉！」古椎嬸熱情地招呼老顧客，阿發嫂卻沒有以等量的熱情回應她，「沒什麼好恭喜的，也不是我要娶媳婦！」

火藥味霎時竄了起來，古椎嬸瞪大眼睛，勾著阿發嫂的臂膀說：「是什麼代誌乎你這麼不歡喜，講出來，老姊妹給你分擔！」

阿發嫂像是一肚子火被點燃，「還不是我那個兒子，我不喜歡的女孩，就硬硬要娶，說是他要跟她過一世人，不是我啦！說我有偏見……」阿發嫂說著說著竟然哽咽起來了，「厚生飼大漢，無肖啦！」眼淚撲撲簌簌地掉下來！

古椎嬸一邊幫忙擦眼淚，一邊撫著阿嫂的背心，「甘苦要說出來，眼淚要流出來，才會快活……哭一哭，心頭才不會沉重……」阿發嫂靜靜哭了一陣子，自己不好意思了，「歹勢，乎你看我按耐歹看……」

「不會啦，阿發嫂！你是不喜歡那個女孩什麼？講來聽看麥！」古椎嬸認真地問著。

「她就是沒我的緣！」阿發嫂理直氣壯地說。

「嫂啊！你這樣說有點牽強，理由不足夠，要你的兒子如何信服呢？」

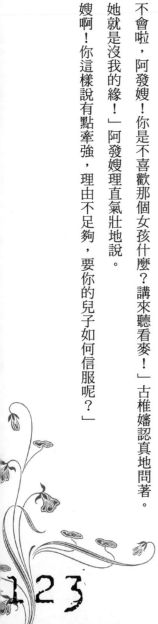

「要說理由就有千百條，簡單講只有一條，這女孩就是不夠乖巧聽話，第一次到我家，就給我看到她跟我兒子在爭辯，好像是說，她說才是對的，我那個兒子，竟然聽她的……」

古椎嬸笑著說：「聽某嘴，大富貴，你沒聽過嗎？」

阿發嫂假裝沒聽到，繼續說：「後來我講婚禮要如何……她就說她的意見，覺得那樣比較好……」

「難道她完全不聽你的意見？」古椎嬸問。阿發嫂想一下，「也是有聽，只是……」

「只是沒有唯命是從，沒有一直說是、是、是！」古椎嬸笑著說，「你就不高興？還是心肝頭偷偷地會驚？」阿發嫂靜靜的不講話，「我看你是驚卡多，驚她以後騎在你頭上，駛弄你兒子不孝順你，驚你老來可憐無人愛！」

阿發嫂不想順著古椎嬸的話，「卡早都說，娶妻娶德，乖巧聽話就是婦德……」

「我看，你對有主見的女孩有偏見！」

「我兒子也是這樣講……，她那麼有自己的意見，兩個夫妻怎麼會同心……現在這麼多離婚的，聽說都是女方說要離婚的……」

「那些都是先生不顧家的，太太寒心才會要離婚，這個時代的顧家，不是卡早那樣，男人不只是薪水有拿回家，還要幫忙顧孩子、做家事，懂得尊重又會欣賞太太，支持女人發展事業，不能禁止女人孝順自己的父母……」

「這樣不是亂了嗎？男人不像男人，女人不像女人！」阿發嫂一點都不贊同！

「這不是亂，是時代進步了，以前的婚姻是犧牲，男人雖然有男人的犧牲，不過女人的犧牲比較多啦！現在是共生雙贏，一起成長……」

「結婚那日，不是要新人一起坐在一件新郎的西褲上，希望他們能自此同心到老，同心就是女人要聽丈夫的話，我阿母是這樣教我的……」阿發嫂一直要找證據反駁古椎婠。

「現在不可以這樣了啦！夫妻同心，是兩個人可以協調出大家都同意的目標，兩個都可以在婚姻中發揮最大的潛力，得到最大的幸福，因為沒有哪一方一定必須犧牲，兩顆心之間沒有遺憾與怨恨來阻礙，所以當然可以同心囉！」

「你講好像比較有道理，我說不過你……」阿發嫂有點不甘願地說。

古椎婠拉著阿發嫂的手說：「再說，現在的查某囝，有讀書、有出國、有自己吃頭路，年輕就見過世面，結婚前就有機會獨當一面，跟我們以早的女人不同，現在娶某不是娶乖巧，是娶有能力可以跟兒子鬥陣奮鬥賺錢，有見識與智慧教育孩子，要是乖乖在厝給你兒子養、聽你兒子的話，我看你才要怨嘆兒子可憐喔……」阿發嫂聽著聽著，竟然嘆了一口氣，古椎嫂還是繼續說：「你不必替你兒子想太多，浪費你的力氣而已，是他娶老婆，不是你，多花一點時間，自己找快樂比較要緊啦！」

「講卡簡單啦！一世人攏貢獻給老的、小的……唉！」阿發嫂悲嘆地說。

「現在不是流行正面思考嗎？我女兒都這樣教我！你要是有祝福他們，他就會跟你更親，他們倆事業發達情感和諧，就會感念你、孝順你，你好好祝福他們，就多一個女兒孝順你，你總是想到壞結果，難免臭臉去阻礙他們，那時你才是要驚他們不要跟你親近喔！」阿發嫂不想聽了，擺擺手，作勢要走人了！

古椎嬸不忘提高聲量提醒她：「要記得，正面思考才會製造正面結果！」

老母妻

所謂「老母妻」，是稱呼一種已婚的女人，她是如此的賢慧，那麼的認真，總是如同老母雞顧小雞一樣，悉心照料著他家裡的大男人，老母妻也就是一個像老母一樣的妻子。

當小雞不乖，老母雞為了小雞前途與自己的面子著想，一定會善盡教導的職責，恩威並施狠狠教訓小雞，因為她的出發點是為了小雞好，小雞們也是不敢公然反抗的啦！又因為小雞還必須要依靠母雞，也是不敢太過造次，以免三餐無著，被老鷹追殺時，沒有母雞保護牠，但是你要知道喔，等小雞翅膀長硬了，牠可是連跑帶飛地離開母親的懷抱。

因此，老母妻家裡的男子，不管年紀大小，只要長大了，翅膀硬了，有錢又成功了，一定是連滾帶爬速速離開老母妻的懷抱，或是大部分時間留連在外，非到不得已（餓了、渴了、沒錢花、欠債還不了、被女朋友甩了……）是不願回到窩內，讓老母妻好生疼愛他。

以上就是有些酷愛逃離家庭生活的男子，所遭遇的現實，問題都是出在老母妻疼愛別人的方式！

或許啦！這些男子是被逼的，被老母妻表達愛的方式給掃出門的啦！或許他們真的不是故意要留連牌桌、酒吧，或許他們真的不是喜歡抱著美眉時，還要幻想著家裡的老母妻變成用嘴巴餵他吃水果的辣妹啦！

你一定要相信，女巫不是為這些屁股不沾家的男子們找藉口，但是啊，男人不沾家，腳底抹油總是溜，這不沾鍋是老母妻準備的，這油也是老母妻倒下去的！

怎麼說呢？讓女巫為各位再說分明一點。

這鍋呢，就是老母妻服侍家人的優秀能力！

老母妻將所有家人都服侍到二百分，超過的那一百分，讓愛的服侍變成指導與掌控。人家不怕冷就硬說你一定會冷，人家不想吃，就硬說你應該吃，用自己的方式吃，也不可以，所有被老母妻深愛的人，一定得完完全全按照老母妻的範本去操作，長期接受愛的服侍之後，換來的是什麼都不是，也什麼都不會，失去自我照顧的能力，也懶得照顧自己。

這油呢，就是巨細靡遺的建議與批評！老母妻通常會不自覺練功過度而走火入魔，不能控制地幻想著所愛的人會遇到什麼不利的事情，預先就開始放送預言，總是心急如焚，灌頂、提醒加上教訓，動作中展現愛意，但是嘴巴卻是總是一連串數落與冷嘲熱諷。

老母妻練功到這般境界時，罵老公比罵孩子還兇（罵孩子時還會想到親職專家的叮嚀，罵老公時，只想把老公罵乖，我就幸福了）。

鍋底下若沒有火，男人是不會想踩著油溜走的。

這火，就是女人用「給」去「要」的依賴慣性，自認為不能自給自足，一定要等人家給她，老母妻才會覺得自己是幸福的女人，若是給出的越多，想要的回報也越多，火就越大了！因為燒得滾燙，所以一踩進老母妻的愛鍋中就火燒屁股，屁股都快焦了，除了逃跑還能幹嘛？所以拿了愛的服侍，就快點跑掉。

但是，老母妻通常都會哀怨地說：「我從不想要得到回報，只要你常常在家陪我！」其實她要的可多了，因為偷偷覺得自己不配被愛，不配要求別人，只好用拼命的給出，看別人會不會良心發現，多愛她一點。

不幸的是，老母妻身邊的男男女女，他們的良心長期以來都被愛的服侍搞到無法開機了，就算可以開機，也是不太會跑，常常當機。

因為身邊的人都很會溜走，因此老母妻被迫變成厲害的追蹤專家，奪命連環call是必備的，套話拆謊本領一流，情緒勒索的本領也可媲美連續劇女主角，做家務時一定像偵探般搜尋線索，甚至徵信社都成為幫手。若是多年之後，依舊沒把老公追回家，就開始追蹤與掌控已經長大的孩子。

讓我們再從演進的週期來看，結婚初的蜜月期，丈夫通常很能享受老母妻全套的呵護，兩人皆很滿意這種嬰兒與母親的關係，因為老母妻奶水的滋養，丈夫從嬰幼兒慢慢長大變成兒童，開始有自由行動的能力，也在老母妻愛情奶水的滋養下，自信漸增，此時，老母妻卻越來越不能完全掌控局面。

蜜月期總有結束的時候，是該斷奶的時刻，讓彼此享有各自的空間與共同的親密。

若沒有斷奶成功，這位仍舊需要吸奶，卻心懷不滿的丈夫，開始在不需或是不想吸奶時，跑去自己玩樂，有需要喝奶才回家找老母妻，老母妻的哀怨開始增長，餵奶的時刻不再濃情蜜意，互相傷害的動作，在有意與無意中不斷發生；漸漸，又長成青少年了，青少年最喜歡叛逆頂嘴的對象是誰呢？是父母，於是開始大膽對這個假母抱怨咆哮，離家的時間更多了，老母妻心痛如刀割，嘴巴說出來的話也如狂放的亂箭。

此時丈夫對老母妻說出口的話，若仔細聽，跟一個青少年對母親說的話是類似的，「你不要管我這麼多！」、「我需要有自己的時間」、「我只是跟朋友在一起，又不是去做什麼壞事！」、「我只是去輕鬆一下，每個男人都這樣！」

擁有老母妻的丈夫需要撒謊的機率，也會比一般丈夫還要高出許多，即使如此，他依舊極需要老母妻的滋潤與愛護，逃家又回家，不斷循環，他與老母妻的關係，就如同搭乘雲霄飛車，有無盡的高潮迭起。

有些老母妻還有個特色，酷愛把女兒教成跟她一樣，同時更酷愛在兒女面前數落丈夫的不是，如同罵小孩一樣地罵丈夫給孩子聽，讓兒女對父親有矛盾情結。

這讓兒子變成男人之後，沒有別的男人可以學，只能像爸爸，卻又厭惡自已像爸爸。如果女兒不質疑母親的說法，一點都不同情老爸（如果男人在家庭中缺席，女兒只好相信媽媽，因為無充分證據去驗證母親的說是真是偽），就會讓女兒自小對男性有種瞧不起的態度，另一方面自動學習母親，將來在異性面前自動扮演老母妻的角色，結婚後自動成為強勢的老母妻。

老母妻在大小男人都逃家之後，就會成賀爾蒙失調的女人，身體與情緒都出了問題，因為等不到足額的回報，而滿懷哀怨。

男子不是不想回報，他依舊戀慕老母妻所供應的一切，一定在老母妻發飆得很厲害的時候，或是自己需要吃老母妻奶水的時候，蜻蜓點水地回家與老母妻相會，老母妻就會利用這短暫的相會，一邊努力服侍，一邊加強抱怨，更加哀怨地希求回報，但是口頭上她是絕不直接要求回報。

如果你的先生可以乖乖站在那裡，讓像巨人的你如同教兒子一樣地數落他，還會點頭如搗蒜地呼應你，隨後又搖身一變，變成超級體貼、溫柔又神勇的猛男王子，呵護著柔弱如小公主的你，除非他擁有一張變身面具，否則這男子一定有精神分裂症，一般正常的男子一定不能這樣變身。

或者說，老母妻對自己的角色已經錯亂了？有些老母妻對丈夫失望之後，把兒子當成丈夫的替身，親密關係需求投寄在兒子身上，女人在性方面，比較容易壓抑，在性方面與兒子亂倫的機率較低，卻容易在情感關係上與兒子亂倫，最後將自己的錯亂，延續在兒子的婚姻與家庭當中。

在這個藉著康乃馨傳遞感恩的日子，女巫呼籲眾家姊妹們，只作自己生的孩子的媽即可，只在晚輩面前像個阿姨就好了，不要再大小通吃了！愛你枕邊的男人，用愛一個成熟的人的方式去愛他，你將得到一個成熟的丈夫，擁有一個溢滿幸福的成熟家庭。

充滿罪惡感的孝順

農曆新年的初一，新民載著妻兒與七十幾歲的父母親，到很少謀面的親戚家拜年，路上兩老在後座為了紅包爭執起來，媽媽很大聲地說：「這是你家的親戚，為什麼紅包要我出錢！」媽媽不識字，從年輕到現在，不管是養大八個孩子，還是自己的開銷用度，從無法仰賴丈夫，丈夫從來心裡就只有自己的享樂，想到老婆就是要錢，就像剛才需要紅包錢一樣。

因為這些過去，新民一直非常感念母親的養育之恩，工作之後，總是盡可能滿足母親的需要。對於父親，從幼時的不諒解，到成年之後無奈接受，對於爸爸的要求，他給了自己所謂的孝順的最低額度。有趣的是，這樣的母親卻是事事都不想麻煩孩子，如此的父親對孩子索求卻是無休無度，讓新民見到父母總是備感壓力，這些壓力都是來自他對父親的不滿。

新民的太太玉青坐在前座，很明顯地感覺到新民的全身肌肉都緊繃起來，毛孔也彷佛豎立，眼下卻依舊靜默，小小的車廂裡塞滿了聞不到的異味。新民靜默地開著車，卻奮力地壓抑逐漸氾濫的情緒。

這其中有只因此時此刻產生的情緒，對父親無賴行為的憤怒，也支持媽媽的抗議，但是更多的還是從時間之流逆流而上的記憶。新民自小就看著父母大吵、小吵不斷，漸漸懂事之時，姐姐們為了生計輟學離家到外地工作，新民必須獨自一個人面對難以承受的恐懼與無助。

他因為自己不能終止父母的惡鬥而內疚，不能保護媽媽而懊惱，媽媽爭執後似乎永無休止的抱怨更讓新民無法面對。車內的一句話，讓新民陷在童年的情緒，這一連串情緒的最後一列車廂，通常就是罪惡感，深深的罪惡感。在新民的情感系統中，罪惡感是濃度最高的。

出發前，新民早已與玉青講好，將父母送到之後，他們就帶著孩子去另一朋友家拜年，媽媽也欣然同意，她也想多點時間與老年親友閒聊，孩子們約好中午過後回去接他們。

但是車掉頭之時，新民突然說：「這樣恐怕不好吧？」玉青知道他的罪惡感在作用，像幼時一般，想守在爭吵後的父母身邊，不敢離去。新民開始怪是玉青要去拜訪那位朋友，這樣的怪罪讓玉青也生氣了。

「答應去動璋家是你，那是你的朋友，怎麼說是我呢？不要把爸媽吵架的情緒轉移到這裡，這是不相關的兩件事情！」新民聽到，便沒有再回嘴。玉青知道他有聽進去，就繼續說：「他們倆吵一輩子了，這不是你的錯，也是你無能改變的，你想回去也可以現在就回去，可是你要想清楚，回去到底是在做什麼？有什麼用處？這對他們來說是老套，而你每次都要跳進去他們的戰局，每次就像第一次一樣痛苦，何必呢？」

「如果我沒有看見你的情緒，跟著你胡亂起舞，我們現在一定在莫名其妙的惡吵之中，又重演你父母的舊戲，你說是不是？」

新民輕輕地握著太太的手，新年的第一天他學到另一種孝順——脫離父母的鬥爭，帶著沒有罪惡感的愛去回報母親，也拋掉負面評價來照顧老去的父親。

是真的想離婚嗎？

女巫的一個朋友，也是從台灣嫁來古晉的外籍新娘，打電話給我說要離婚，因為先生包養一個在古晉討生活的台灣風塵女郎，看來她老公真是孤戀台灣女郎啊！

她嚷著要離婚，但是嫁到這麼遠，離婚可說是大工程，況且她是家庭主婦，多年沒工作，又堅持帶走兩個馬來西亞籍的孩子，娘家又養不起她與孩子，離婚後的生活安排，著實比當下先生外遇的難堪更加艱難。

我打斷她波濤洶湧的抱怨，問她：「你真的想離婚嗎？」，問了超過三次，她都不願意回答我，又繼續重複的抱怨，我就問她：「如果你先生真的答應離婚，這是你要的嗎？」

她突然暫停抱怨，靜默了兩秒鐘，回我：「不然怎麼辦？我氣不過啊！」

「氣不過就一直吵著要離婚！你的氣就會過嗎？」

我問她：「想離婚也可以，你心裡有數就去計畫然後進行，努力讓自己婚離得成功又漂亮；若不是真的想離婚，只是很氣，不滿意婚姻的現況，你應該想辦法去修復與先生的感情，與其浪費時間在吵吵鬧鬧，不如多花一點腦袋在解決問題上！」她靜靜不講話，「但是我真的很生氣！」

「我知道你很生氣，哪個女人不生氣這樣的事，大概腦袋有點問題！但是生氣可以解決問題嗎？你也氣了好些日子了，這件事可以說你四十年來最大的生命危機，因為你是家庭主婦，吃喝拉撒睡都得靠老公養你，他外面包養個女人，其實就已經威脅到你的生存狀態，對嗎？你感覺到莫大的威脅，對嗎？」

她聽了，又不講話了！「請在此時用你四十年來累積的智慧，去解決這次重大的生存危機，不要再浪費力氣到處告狀，你如果來告狀，我沒空聽；你如果想解決問題，基於同鄉情誼，我絕對用我的專業免費幫你！如果你過去四十年都沒有累積智慧，我誠心奉勸你，因為這次的危機而讓自己有所學習，就此危機而變得比較有智慧，我再問你一次，你是真得要離婚嗎？」

「我不知道！」

女巫我說：「當你不知道是否真正想要離婚之前，不可以再跟先生說出『那就離婚好了！』這句話，不然等到他真的找律師寫離婚協議書給你，你就比現在更加悽慘！」

這個朋友沒有聽進我的話（免費的諮商通常無效），依舊到處告狀，沒有任何改變與反思，不是跟先生吵架，就是打架，吵完又合、合完又吵，外遇的對象還是在，像八點檔連續劇，摔耳光、兩女打架……已經像是婚姻生活中不可缺少的插曲，然後負氣帶孩子台灣住兩個月，結果正好讓那情婦搬來家裡睡她的床，情婦還發簡訊給她，通知她——我已經睡在你床上囉！然後她又氣沖沖跑回來……幸虧情婦不願意帶孩子，讓她依舊保有正宮夫人的位置！

若是有人做過調查，應該不難發現，目前活在地球上的已婚女人（特別在兩性有點平權的地區），從沒想過「我要離婚」的女人大概不多，甚至為數不少的女人都曾經在爭吵中說出「那就離婚好了」這樣有氣魄的話！（大概因為女人需要男人給的就只有愛情而已吧！）

「那就離婚好了！」這句話是挺具戰略性與試探性的言語。

先來說說戰略性，當有人先說出「那就離婚好了！」除非此人已經在夜半計畫多時，經過深思熟慮，其實多半是在威脅對方，目的是終止衝突或是打擊對方，促使對方作出讓步，或是表現出在乎自己疼惜自己的行為。此是所謂企圖用負面的言語行為來得到正面的回應，但是這是惡性循環的開始。

用個比喻，一個人的口腔味覺因為生病或是其他因素，而越來越遲鈍，就用更重口味的食物來企圖拯救失去知覺的味覺，反而讓味覺更加遲鈍，同時更加傷害自己的身體，整套的行為與想法一點都不能達到想要的目標，在那一剎那以為是有效的，其實所有的行為都是無效的。

女人若心中不想離婚的比例居多，只是想給他一點教訓，或是一時氣不過說出這個要脅，其實是在搬石頭砸自己的腳，砸傷了又怪說是別人害的，真是慘上加慘啊！何苦這樣對待自己呢？

而試探性的用意呢？這也是女人的拿手好技，希望可以釣出對方對自己的愛意與在意。

若是一時衝動說出來，通常只會給自己下不了台；若是用一點謀略心思來說，或許可以引出一些真心話，或是看起來像是真心話的假話（有時聽聽假話也可以度過婚姻黑暗期，可能在大家都越來越老的時候就柳暗花明！）

當女人第一次說出「那就離婚好了！」或許可以讓不想離婚的男人收斂一下劣行，但是講多次之後，嚇阻效果就逐漸縮水，最後只會讓對方把你當作笑柄，把你講的話當作笑話，或是讓對方更加的生氣，引發更大的衝突，最後回到女人身上的，只剩下更巨大的憤怒與無力感。

因此女巫經常建議女人們，離婚這兩個字，要講出來之前，請在心中仔細思量，就算真的篤定要離婚了，把算盤都打好，了解自己處境的優劣面，法律資訊也都打聽清楚，離婚地圖在心中比較清晰之後，再認真把這兩個字說出來。

讀到這裡，一定有人會說，遇到這麼大條的事情，特別是丈夫外遇，還有這種心思這樣計畫離婚？這太理想化了吧？

我只能反問，女人去血拼，大多願意且能夠挑挑揀揀精打細算，為自己作出最佳判斷與選擇，若是因為這事情太大條，而成為自己衝動決定的理由，你真的是非常對不起自己！

這種對不起自己的女人，還挺多的！

你真的想離婚嗎？先作出以下的評估。

〔離婚後一年之內，精神生活比現在更壞？還是更好？〕—從-5分到+5分

〔離婚後一年之內，經濟生活可能比現在更壞？或是更好？〕—從-5分到+5分

〔離婚後三至五年，精神與經濟生活，各自比現在好還是壞？〕—從-5分到+5分

每一次做完，都閉上眼睛想像，未來更好是如何的畫面？或是你預期更壞，又是如何的畫面？更好的預設有何條件根據？更壞又有何事實根據？這個練習可以幫助你做出對自己對有利的決定！

但是你還是會猶豫不決啦！因為怕別人異樣眼光，因為怕父母與親戚朋友善意的恐嚇，怕自己寂寞難耐，怕養不起自己與孩子，怕永遠沒有男人願意要我，怕害孩子沒了爸或是沒了媽，怕永遠見不到孩子！……不離婚，也是有一籮筐的怕怕，難以數盡……

這些怕，一點都不奇怪，有害怕是非常正常的！這時候常有正義又雞婆之士敲鑼打鼓來慫恿你、支持你，你最好不要受到她們的激勵與左右，這叫做：「道長發誓，死的是道友，不是死道長我！」

猶豫不決時，接著做一個功課，每天記錄自己今天想離婚的比例是多少！作從做的圖表，

觀察決定的起伏，並且去觀看影響今天的比例的原因，譬如說前天是30％，昨天是80％，今天是50％，持續紀錄到你發現比率固定偏向某一邊，就是你可以做出抉擇的時候了！

親愛的姊妹，真的好想離婚，請你慎重評估，再勇敢踏出去，你將因此為自己創造一個新的人生！若是真的不是想離婚，而是想發洩怨氣，以得到愛憐，請適可而止，盡量擠出女人的智慧來處理愛情與婚姻的麻煩，你將因此而重新裝修你的人生，讓生命煥然一新！

現代女子需要要男人給什麼？

小時候總聽大人說女孩子嫁人了，就是找到長期飯票，一個女孩子生命中最重要的事就是找到一張長期飯票。

男人娶媳婦被稱做成家，從沒聽過——找到終身女傭，或是找個生兒子宮，還是專用陪睡婢女……這類的說法。

女巫推測大概是因為吃飽飯是人生存的最基本需求，男人被設定必須靠自己吃飯，過去的女人被認為不能，或是不被准許自己養活自己，良家婦女非得靠著男人的餵養才能理所當然地走在太陽底下，簡略說，好命與正常的女人是不應該靠自己掙錢而存活的，有尊嚴且正常男人則必然要靠自己掙錢而存活。

因為女人被認為失去了男人不能獨自存活在太陽之下，女子嫁人的姿態似乎就大大低於男人娶妻。

一直到二十一世紀的現在，尚未結婚的女人或是沒有婚姻關係的女人，不是比男人更加的「無價『值』」嗎？更加像怪物一樣的難「看」，不是嗎？

相反的，沒有結婚的男人，只要身家還算不差，沒有缺眼、歪嘴、少胳臂，當年紀越成熟，反而被當作是「值」得「無價」的黃金單身漢！多的是未婚女士等著「看」他！

女巫想問的是，當一個女人沒有謀生能力或是不想要自己謀生的時候，女人在婚姻中，需要男人給的是什麼？男人的薪水、無虞的日常所需，穩定的經濟生活……總歸說就是有人養她，讓她不用為生活所需而操勞，除此只要是女人，都渴望老公的疼愛，很簡單說過去的女人要的就是錢與愛。

如果被男人養得白白胖胖是女人結婚的第一需求，所謂的疼愛大多以經濟的供給作為基本指標。當男人對女人不夠尊重，或是動輒打罵，還是女朋友不斷，甚至有本事多養一、兩個家庭，女人雖然心裡有怨恨，還是頗能忍耐，因為女人的第一號需求，男人沒有短少給女人，他還是有在養老婆啊！還是有負責任啊！

「為了我的生存，我就繼續忍耐吧！反正我有替他生兒子！」女人如此地說服自己，身邊的長輩朋友也都是這樣勸她忍忍，哪個男人不是這樣呢！

婚姻中的男女於是可以求得一種規律擺盪中的幸福，婚姻就是靠著男人依舊甘願養著妻子與孩子而繼續著（不過還是有很多沒有養家的男人也繼續著婚姻，這是因為女人以為女人沒有自己的臉，必須借丈夫的臉套在自己的臉上，否則沒有臉走在陽光下了！）。

對信奉傳統規則的男人而言，有點不幸的是，現在的女孩子都不太需要男人養了！甚至可以賺比男人更多的錢，不只如此，不論腦袋裡的知識，或是對生活、事業中任何大小危機的應變能力，常常都表現出比男性更佳的魄力。

她們一點都不願意像她們的媽媽，媽媽總是很自然地假裝比男人還要笨，替養她的男人保留偉大的顏面，她們從小看到媽媽這樣做，也沒替自己賺到什麼，不要說疼愛、讚美啦，連基本的尊重都嫌不太夠。

甚至沒有在社會上賺錢的家庭主婦也開始自認為是個在家工作者，自認並沒有被老公白養，而大聲要求先生負責更多家庭內的工作，不再卑微地認為自己因為沒有出外工作就失去與先生平起平坐的地位，家庭主婦這個職業，是女人為了支持先生更加投入事業，所以替先生承擔多一些家庭與教養子女的責任，所做出的選擇，出發點是因為對先生的愛情與對孩子的親情，不是因為女人沒有其他選擇而只能待在家中。

對信奉傳統規則的男人而言，有點不幸的是，現代婚姻中的男女雖然以愛情作為婚姻的開端，一旦結婚後卻很快在不自覺中落入爸爸、媽媽的老套劇本中（除非他們的父母演出的是改良劇本），可這劇本卻很難在現在被演得成功，因為戲裡的重要道具——那條長期飯票編成的繩子——已經不復存在了！

女人既然不再那麼需要男人在經濟上的餵養，就只剩下愛情的渴求，除了需要男人愛她，還是只是需要男人更加的愛她、支持她，就像過去成功的男人背後總有個任勞任怨的女人，現代成功又幸福的女人背後，總是需要有一個不斷給予愛情與支持的男人。

現代女子，並不像過去的小姐，只是擺著被動矜持的姿態等著男人來示好。

有獨立生存能力的女人是很願意大方地表達對男人的愛意，她們很自然地做出古早女人不曾做的事情，譬如買貴重的禮物，出一半以上的家用與房貸，把自己賺的錢借給男人，幫助他度過事業危機等等；古早女人為男人做的工作，她們卻也是心甘情願地照做，譬如說煮飯、按摩、帶他去看醫生、生養孩子、奉養公婆等等。

現代女人用十八般武藝表達了愛意之後，默默地等待著男人回報以疼愛，靜靜地站在男人背後等待男人愛的回饋。如果女人每次都等到她所期盼的，婚姻理當幸福美滿，沒有太多飢渴在裡面漂浮著。

若是活在二十一世紀的男人是以他的老爸作為學習的楷模，他一直認為老爸是個負責任的男人，每個月的薪水都只是抽走幾張，剩下的都原封不動交給老媽使用，從不管老媽是否攢私房錢（但是也可能從不管那些錢不夠老媽養活一家老小），家裡的事情都歸老媽管理，老爸就負責給薪水與看報紙，一家也和樂融融。

對信奉傳統規則的男人而言，有點不幸的是，自從自己結婚後，自動以老爸為榜樣，日常生活事事不需勞心也不想勞力，晚上有需要時也不必自己做工，真是幸福的不得了，不須以表達愛情來求得幸福了！他也幾乎不再為了得到愛情，而大量運作他的大頭，頂多努力動動小頭罷了！每天有潔白平整的襯衫可以穿，不需要點菜、付錢的香噴噴飯菜，晚上有香軟女體可以抱抱，這些都讓一個正常的男人滿足到難以移動他的四肢，連說聲謝謝都忘記，更不要表達愛情，或是說句「我愛你」。

當男人疏於表達愛情，而女人又不需要從男人的經濟餵養中去萃取出愛情的成分，女人去何處取得婚姻中的愛情呢？答案是**Nowhere**！女人在婚姻中從男人身上得到什麼呢？答案是**Nothing**！

此時女人自然問起了自己「我結婚是為了什麼？」除了孩子之外，她似乎找不到這個婚姻對她的意義，婚姻對她的價值也太微渺了！她開始想要離開這個男人，離開這個婚姻，離開這個男人的家族！

當太太放出這樣的訊息，一個沒有外遇的男人會有疑惑，「我又沒有外遇，你為什麼對我不滿意？」一個覺得自己有在負養家責任的男人會生氣地說，「我給你房子住，沒欠你吃，沒欠你穿，每天都回家睡覺，你不滿意什麼？你想還要什麼？你去看看每個婚姻不都是這樣嗎？你已經很好命了！」

此時女人反問「我的吃住都只是你給的嗎？你花了多少錢養過我？我花了多少精力伺候你？這個家都是你一個人養的嗎？」

信奉傳統規則的男子們，剎那發現頭上的天空一片黑暗，太陽似乎不再為男人而服務，無數烏雲變成問號的模樣在頭頂上徘徊「我以前『給』老婆的，難道都錯了嗎？」

另一頭的女人頭頂上也飄滿了問號烏雲，「他這麼多年來『給』過我什麼？不要說一枝玫瑰花也沒送過！連我生病都粗聲粗氣，虧我為他做這麼多！他對我還有愛情嗎？誰來愛我？」「誰來愛我？我只有自己愛自己了！」女人用自立自強又帶點憤慨的心情回答了自己。女人似乎找到紓解自我的答案，烏雲暫且散去，陽光重新燦爛地在女人的生命中閃耀。

然而，光靠自己愛自己究竟可以維持多久的幸福感呢？

就算你在事業上擁有數不清的肯定，心裡都留著一個位置等著愛人的讚美，就算你有經濟能力為自己買任何想要的禮物，女人的寶盒裡永遠都欠一個男人送的愛情禮物，即便他送的只是一個可口可樂的拉環，如果是鑲滿著愛情，都閃爍地讓女人睜不開眼睛！諸位親愛的姊妹們，你說是不是呢？

如果你要的是愛情，請不要只跟他吵錢事，如果你要的是心疼，請不要只是罵他不做家事。

現代女子需要懂得愛自己，也需要被好好疼愛，不是嗎？

你太計較VS我是為你好

「阮那個媳婦有夠愛計較！」阿好口沫橫飛地對著菜市場賣菜的阿笑說，「陣嘛的查某囝仔攏不知道吞忍，不歡喜就講出來，阮以前不歡喜嘛是吞落去腹肚裡，伊對我厚生說話攏直接說呢！伊講這是溝通啦！夫妻要溝通，把話說清楚，我看伊是愛計較，愛控制阮厚生，阮一個厚生飼這大漢，娶這個不知道順從丈夫的媳婦，我足煩惱！驚阮厚生乎某壓死死！」

「你沒有給他壓回去，要乎伊教示，才會乖啦！」阿笑說。

「我哪敢教示伊，這個時代的婆婆哪有這款架勢！我只是講道理乎伊聽，足誠懇講這攏是為你好，為著你們兩個好，我也無偏心啊！」阿好搖著頭擺著手，無奈地說。

「對啦，你要甲伊講這是為伊好啊！查某人要受教，這是古早傳下來的道理。」阿笑似乎是很有經驗的樣子，阿好就問阿笑：「你是如何教示你的媳婦的？」

「……人客來買菜喔！……我甲兩位媳婦今嘛就少來去啦！……」阿笑話語間有點曖昧，阿好接著問：「奈就足少來去，他們很無閒？還是住很遠？」

「無啦！攏住附近……今天的白菜頭真水，竹筍也無醜，你要買幾斤？……老闆娘你好多天沒來買菜……」阿笑轉去招呼其他客人。

阿好心裡想，是不是阿笑太會教示媳婦，所以媳婦不願意甲伊來去？此時身旁有人說話，「只有教示，沒效啦！」原來是鄰居阿腰，「一直說是為伊好，也是無效啦！」

阿腰繼續說：「『伊足計較』是我們的感覺，事實上她不是在計較，只是在說出她的想法和要求，剛好你和她的想法不同，她不想要接受你的要求，不想用你的方法做同一件事情，想要自己的方法，或是想跟你商量，或是想要拒絕你，你就認為她是在計較啦！其實不是，她只是不完全順從你的意思而已啦！」

「甘按耐？」阿好想不太通。

「你想看看，你的孩子當中是不是給你感覺個性比較會計較？」阿腰問。阿好想想說：「也是有啦！」

阿腰接著說：「你是為了什麼事情覺得他們愛計較？」

「大部分攏是他們要求什麼事情或是東西，或是要求公平，或是不要聽我的話去做事情……我就不高興，然後就覺得他們很愛計較，但是話說回來，自己的孩子不聽話，雖然覺得他們不乖又愛計較，也是不會棄嫌他們，嘛是會疼惜，媳婦不順我的意，好像我比較不能接受，卡不想要疼惜伊！」阿好越想越多，好像有點體悟。

阿腰點頭讚許阿好的領悟，「你想看麥，媳婦也不是你飼大漢，她過去快三十年都照著娘家父母教她的在生活，現在剛轉到你家，她可以一下子就拋掉舊的方式，完全照你的方法做事情嗎？」

「那是有點困難，好像是一句成語說的『強人所難』，我昨天跟外孫學的啦！就算說是自己的孩子也會有跟我不一樣的生活習慣，何況是媳婦！」阿好笑著說。

「這就對了！」阿腰笑著說。

「但是，我會擔心要是我都順著媳婦，媳婦會不會越來越囂張，爬到我頭頂上，不要孝順我們倆老，萬一這樣，該怎麼辦？」阿好又擔憂地說。

阿腰拉著阿好的手說：「你這好的人，奈會無福報啦！你要相信你厚生的眼光，他甘會眼光這麼歹，娶一個歹牽手乎你做媳婦？」

「這樣說也是有道理啦！」阿好笑得很不好意思。

「在互相體諒中，慢慢了解對方，孝順就會自然乎你感覺到！」阿腰笑著說。

臭臉與哭臉

阿美一點都沒有意願跟婆婆住在一起，要不是不小心懷了孕，阿強又不願意買房子，她才不會這樣委屈自己！從小看阿嬤與媽媽的鬥爭，聽媽媽說阿嬤如何苛刻對待她，她便牢牢記住媽媽淚眼中憤恨說出的話：「婆家不可能會疼外面來的媳婦！」，阿美也就帶著這句話開始與婆婆共住一個屋簷下。

這句話呈現在阿美臉上就化成一張臭臉，只要一見到婆婆，阿美就即刻武裝起來，以防止眼前的婆婆像當年她的阿嬤欺負媽媽那般地欺負她，帶起盔甲的臉，其實沒有太多表情，就像裝上一個隱形的「禁止進入」號誌，既不接受也不給予。

阿強難道不介意阿美這樣對待媽媽？做一個兒子，有時候是無法介意或是不介意，一個是媽、一個是妻，況且他也有他的臭臉。

他的臭臉是對應媽媽長久的哭臉，無可奈何而生出來的。

阿好不知何時就把她所遭遇過的悲苦通通堆在臉上（同時代的女人，哪個的悲苦不相仿？）六十歲不到，身體未顯老態，舉手頭足之間盡宣說著過去的不如意，眉心堆著苦，嘴角掛著苦，每天說出的話語不外是悲嘆過去的艱苦，病怨嘆現在的無望，現在已經老了身體不好，錢只有一點點，沒希望啦！早點死掉比較快活啦！

阿強自懂事就開始看媽媽的苦臉，他以前是很心疼母親的苦，總是努力說一些話或做一些事想替母親化解悲苦，希望母親快樂一點，母親抱怨沒錢，他就快點給她錢，抱怨不舒服就快快帶她去看病，可是幾年下來，才發現怎麼做都沒有用，抱怨沒錢與身子不適是母親必要的言語，企圖減輕它們，反而讓母親抱怨得更厲害，阿強很無力，不禁流露出不耐煩，言語之間不再殷勤詢問母親的日常生活。

阿強的不耐煩，讓阿好的苦臉更加深刻，哀嘆更加地多，阿強看到母親的樣子，也有自責與懊惱，但是更熾烈的情緒馬上又生起，責怪母親為什麼一定得這樣過日子。自己是如此努力工作，為了就是給母親安定的生活，雖然母親不是最好命的，但也不能說是歹命啊？

每當阿好怨嘆著種種的過去、現在與未來，阿強就強烈感覺自己的努力都被母親否定了，好像兒子是多麼地不孝，讓母親帶著一張哭臉到處哭訴著。

「要如何努力，才會讓媽媽臉上露出笑容？」阿強不會去問母親這個問題，他只是擺出一張臭臉去回應母親的哭臉。

交往之初，阿強就暗示阿美，不可能不跟母親同住，阿美覺得無所謂，我也不一定要嫁給你，沒想到不小心懷了孕，急著結婚之下，也沒有時間與籌碼去計較要搬出來住。

阿強也看得出阿美對母親的臭臉，心裡是有點不舒服，不過，反身看看自己對待母親，也不是很像個孝子，工作上煩心操勞的事情已經夠多了，也懶得去管這些女人家！

阿好看到未來媳婦的臭臉，哭臉更加悲苦，心想：「阿強娶這個媳婦入門，一定會欺負我，我真是歹命啊！」媳婦的臭臉讓她又多一項可以哭訴的理由了！

在阿好的意識中，總是將自己當成受害者，或許在生命中的某個階段她曾經受害，但加害的人早已經不在身邊，阿好依舊活在受害意識中，所有的新、舊關係都免不了被這個受害意識所汙染，想要不哭都很難！連兒子的孝心都滋潤不了阿好的生活，何況是不熟悉的媳婦？

阿美也是一樣，婆媳關係一開始就被汙染了，自己的婆婆與媽媽的婆婆基本上是兩個不一樣的人，原本不應該平行推論，再加上因懷孕而提早結婚，對於婚姻生活的心理準備不足，經濟準備也不夠，婆媳關係的汙染將讓脆弱的新婚生活中更加不安！

一場婚禮，代表著一群人即將開始一段適應期，若是大家都能拿掉那些充滿汙染的假設，適應過程就比較能夠朝著正向去發展。

新婚的阿美若能不帶任何預設與婆婆相處，在開放的溝通中彼此逐漸熟悉而和諧；而阿好若能看見眼前的福分，吸收福報而添加快樂，阿強也就減少了對媽媽的擔憂愧疚，媽媽變成阿強的加油站，不再是耗油場，所有的哭臉與臭臉都變成笑臉，全家都變臉，這不是極好嗎！

婆婆的心情

在兒子幼小時，月理就打定主意，以後絕不跟兒子們同住，從小看著媽媽在阿嬤的管轄下痛苦地生活，成長後又目睹著媽媽用同樣的嘴臉對待著大嫂，而自己在婆媳關係上，一直費力地用隱忍與遺忘來度過。在這些經驗之下，她實在沒有把握自己在做婆婆時，能夠完全不跟生命裡那些年長女人一樣。

現在兩個兒子都已經結婚了，先生兩年前也過世，月理反而很享受獨居的清幽，每個禮拜短暫地享受很有品質的含飴弄孫之趣，沒有日常生活的摩擦，月理與兩個媳婦維繫著和樂友善的關係。

一個大家庭分成三個小家庭，月理擁有自己的生活，也樂意填補上班族媳婦有時的窘迫，能夠互相支持，又各自有自主的生活空間與決定權，月理很自豪沒有其他朋友經常抱怨的婆媳問題。

以前媳婦生產時，兩個親家母都主動來替女兒坐月子，她也樂得扮演探望與感謝的角色；最近二媳婦又生了寶寶，親家母兩年前已經過世，月理自然得挑起替媳婦坐月的責任，以她與媳婦的良好關係，這原本是件愉快的工作，不料卻讓月理掉入情緒的漩渦中，無法自拔。

當天，媳婦一分娩，她就歡喜地到市場挑選新鮮的食材，料理妥當送去醫院，當她看著媳婦吃著她料理的食物，臉上盪漾著滿足，月理的心中卻跳出不搭調怪異感受，走出醫院時整個人充塞著落寞，她不知道自己為什麼會這樣，這真是沒有道理的情緒！

媳婦抱著孩子回到家後，月理的心理磨難才真正開始，她總是必須小心壓制莫名的怒火，不能讓怒氣浮現在臉上，不能讓怒氣一不小心發在媳婦身上，有時候她會故意不照著媳婦的口味煮食，有時候她必須故意沒聽到媳婦說的話，如此做才能讓怒氣稍有發洩。

月理這樣做並不痛快，反而更加痛苦，因為這不是她一向的樣子，她發現自己必須強忍著某些似乎要脫口而出的話，她並不知道是什麼話想說出口，只知道一定不是什麼好話，一定不能說出來。

就這樣過了半個月，媳婦與兒子都感覺到媽媽的異常，一起詢問是否太累了？或是身體不適？月理一聽，嘴一撇，說沒事，說要出去買東西，轉身出門。

其實月理是落荒而逃的，她跑回家，關上門哭個不停，先生過世時也沒有這麼多淚，「我到底怎麼了？老年番癲了嗎？」

她突然聽到那些一直要出來的聲音：「為什麼你可以有這種好命？我為什麼沒有？」、「你憑什麼叫我煮你喜歡的！我以前哪敢要求，有的吃就偷笑了！」、「真是沒用！連嬰兒都不會抱，讀那麼多書幹什麼？還要叫我兒子幫孩子洗澡，若是我們以前……」月理吃驚地發現自己竟然忌妒著這個被她善待的媳婦，原來是她內在那個做媳婦時不曾被善待的自己在發怒，幫媳婦坐月的類似情境竟然喚起多年前被壓制在深處的情緒。

月理突然也了解了自己媽媽為什麼對嫂嫂這般挑剔，對女兒這麼苛刻，因為沒有被善待，所以收藏著雙面的情緒，潛藏的一面是來自過去，在陌生家庭中不被善待而受傷的哀傷無助，隨著年齡增長而宣洩在外的，卻是來自因為不被善待而滋生的怨怒，集結起來就變成母親與婆婆經常對媳婦與女兒發生的挑剔與苛刻。

「我懂了……」月理擦乾眼淚，「原來我需要的，是更加去疼愛那個曾經不被善待的自己，該回去好好疼愛媳婦了！」

婆媳能如母女嗎？

十多年的婆媳可能親如母女，也可能仇如敵人。倘若剛結成婆媳，兩個女人就希望親如母女，那是一場極為危險的遊戲。

實質關係粗淺，行為上卻要求表現親暱與熟悉，不僅會覺得自己虛偽做作，刻意去表示親密就變成討好，因不熟悉而表錯情、會錯意，彼此失望的機會也會多到不會讓人失望，表面上笑笑說沒關係，心底卻種下數十年難忘的疙瘩。能夠承認實際存在的陌生與因陌生而可能產生的誤會與猜忌，慢慢在行禮如儀中溝通互動，帶著善意逐步增加了解，才可能真正親如家人。

一開始就將母女情誼定義為婆媳關係的目標，不論是婆婆或是媳婦，都難逃將自己導入陷阱的危險。

女兒是你養大的，媳婦是另一個女人養大的，親疏不同，習性更是相異，是不能將婆媳等同於母女的第一個原因。

第二個原因必須回歸到自己。

除非自我檢查之後，確定身為母親的你，從未傷害過女兒的情感與自尊，從未過度介入女兒的生活與抉擇，也就是說你是女兒眼中完美的母親，她對你既崇拜又尊敬，少有怨言，更不可能在家族治療中找個人來演母親，哭腫了眼睛又嘶聲吶喊，企圖治療母親送給她的創傷，如果你是這樣的完美母親，媳婦一定有百分之百的意願跟你做親密母女。

如果你很誠實，不敢認為自己是百分百的完美母親（實際上是有非常多的母親，從來都不願承認自己曾經傷害過自己的孩子），請不要希望媳婦變成你的女兒，她幾年之後也需要花錢去做心理治療，從你那邊得到的創傷甚至更甚於你的女兒。

我們都知道，很多母女關係都是既愛又怨，媳婦是新來的人口，她不應該去承擔你們家的舊怨，甚至不應該讓媳婦成為新仇的對象。

當一個女人走進婚姻，表面上她是與先生建立一個新家庭，但實際上，她是進入一個長期封閉的家庭系統，如果又與公婆同住，而她又是第一個媳婦，這個系統外的「異物」，必然會引起封閉系統的騷動與重組，過去這個家庭表面上可能你來我往、行禮如儀，實際上卻溝通不良、處處地雷，或是長期存在著負面的家庭規則，一旦有外來者加入，這個新媳婦在不熟悉家庭潛在規則的情境下，成了衝突與矛盾的替死鬼。

當家庭中的掌門人，也就是公公與婆婆打著大旗，號稱要把媳婦當成女兒來愛護，這種假女兒卻是難當的，真正的女兒因為熟悉潛在規則而懂得離災避難，假的女兒卻因為不懂哪裡埋著地雷，而在不明不白中變成炮灰。

以上是不能與媳婦做母女的第三個原因。

除非你的家庭真正如同那首歌《我的家庭》所描述的一樣，既可愛又安康，父母深深相愛，手足親愛無紛爭，一家人溝通流暢，開朗又樂觀；否則請不要把媳婦當女兒，此刻把媳婦當成女兒無異即刻複製了過去親子之間的負面互動模式，媳婦過去與你你無任何感情連結，不可能像女兒一邊怨你，又可以一邊愛你，她會因為懼怕又厭煩而難以自發去親近你，如此又會引發你的不滿，接著你愛她如女兒的時間也不會長久。

新時代必須行使新思維，光感嘆現代婆婆難為不是解決之道，委屈自己或是擺個高姿態更是無智慧的抉擇，婆媳不過是兩個女人的關係，若自限於婆婆與媳婦這兩個傳統角色，在二十一世紀的今日，問題一定會變得很大條；若能去掉傳統角色的制約與夾帶在角色內的情緒，先以人與人的角度來建立婆媳關係，雖不能保證長治久安，卻可讓婆媳有個單純的開始，減少不必要的糾葛。

前婆婆的魔音傳導

如果女巫我不夠堅強，腦筋不夠清楚，該冷酷時又不夠冷酷，自信不夠紮實，身口意不夠清淨，就算離婚一百年也無法逃離前婆婆的魔音傳導。這魔音可不是魅力之類的說法，應該說就像《藥師經》中說的祝禱咒詛之類的魔力。

已經正式離婚四年多，還會聽到前婆婆以我為對象自導自創的魔音，每次有人來報馬時，心中總忍不住自嘆「真是好險，在她家從沒犯什麼大錯，沒說過什麼不好聽的話，更是好險！都沒有落什麼把柄在她手上，好險連首飾都不敢帶走，連兒子滿月的金銀都不敢說要，不然她大概早就去登報宣告我罪狀了！」

寫這篇文章，讓我考慮了幾天，女巫從分居、離婚到現在又進入新的婚姻，這期間寫過很多文章，出版了五本書，從來沒有利用自己的文字大肆以裸露與前夫家人之間恩怨為目的來進行書寫，雖然我在那裡受到很大的傷害，卻從不想利用書寫中的揭露去進行宣告式的報復。

最後決定要寫，一部分是感嘆，一部分是想與有前婆婆、前公公或是前小姑、前小叔之類的姊妹分享女巫應付前夫家人的心得。據我所知，離婚多年依舊被前夫家人情緒勒索、生活干擾的姊妹不在少數。

從我開始公開發文字，在書寫時，如果必須寫到過去的婚姻經驗，下筆都是盡量限於描述自己的感覺，謹慎地不讓自己陷入報復的筆調（但是論事時，批判父權社會對媳婦角色的貶抑，我卻是不留情的，這是對事不對人）。

我一直認為利用文字能力公開報復是無法達到真正的自我治療，書寫時有了短暫的發洩爽意，過後反而更加惡化了已經脫離婚姻狀態的關係，為自己的生命樹立了當下與未來的敵人。

在我的想法裡頭，既然已經離婚，若做不成朋友，就讓過去的愛恨情仇都蒸發掉，維持某種疏離淡漠的真空關係即可。離婚不就是要了結關係中的恩怨與痛苦嗎？不就是為了尋求新生活，重新找回快樂與幸福嗎？白紙黑字去揭露對方的醜態，結的樑子不是更大嗎？

與其花時間精心描寫過去的恨事，用文字去射擊已經不與你耕種同一畝田的那些人，不如用這些精力與時間，進行更有效的自我治療，重新耕耘自己這塊荒蕪的心田。

回觀這些年寫的雜記，好像也沒寫什麼謾罵他們的話，都是心情而已，我發現如此的好處就是不好的回憶，因為不主動去想起，也沒實質紀錄可查，當快樂的事情漸漸回到生命中的時候，不快樂的記憶就被擠出去了，因無據可查更加無影無蹤。

讓我想寫此文的因緣其實是一段剛發生的插曲。二〇〇四年十一月女巫回到台北，在任兆章修女與林美智老師基金會帶領一班「快樂婆婆成長班」，基本上我可以感受到學員媽媽的滿意度都算滿高的，課程結束我就快樂地回到古晉。

基金會接著開會檢討，有個沒有參與課程的董事（我完全不認識她），一直不斷批評攻擊我，據督導說是用非常刻薄的姿態，而此人說她對我的諸多「非常清楚」的理解就來自我的前婆婆。（這個班是我兩年前就規劃，但是都無基金會願意配合。我體認到大部分有婆媳問題中的婆婆都是不快樂的女人，一種是本來她就不快樂，媳婦就成出氣筒，另一種是本來她還算平靜，媳婦來了之後讓她變成不快樂，如果可以讓婆婆變成快樂的女人，夫妻本身又無感情問題，一個家庭的幸福就八九不離十了！目前專為中老年女性開設的心理治療團體幾乎等於零，他們卻是很需要上這樣的課程來紓解累積幾十年的情緒。）

督導來告訴這件事情時，她顯得很震驚，我卻一點都不驚訝，第一個反應是哈哈大笑，這種事情從尚未離婚時就一直沒斷過，我告訴督導：「連我懷孕時坐計程車回到他們家半山腰的別墅住家，她都可以躲在門後偷看，然後打電話給我媽說，她看見有男人送我回家耶！有什麼是她不能想像的？她還跟我媽的同學說，我現在的老公是舊情人，以前就有曖昧關係！唉，她有什麼話不能說出口呢！每次聽到都當作在做功德，可憐她珠光寶氣卻口出惡言！」

你說我以前會不會氣到全身發抖呢？當然會，不然怎麼會新婚半年就尿血，得了二年的間質性膀胱炎，差不多夜夜樓上樓下跑廁所十多次，有時乾脆坐在馬桶上睡覺，每天在回家的公車上，總是鬱卒到希望車子永遠不要開到北投，一想到要回去那間房子，就要拼命忍住眼淚！

督導問我：「你一定很恨她囉？」

這個問題以前就有人拿來指責我，此人現在是某女性立法委員，她瞪大眼罵我：「你怎麼可以這麼怨恨你的婆婆？」我當時嚇一跳，問自己我有怨恨她嗎？我覺得沒有，於是回答她：「我沒有怨恨她，只是非常討厭她！」

現在的答案還是一樣，平常幾乎不會想到她，只有在帶領工作坊時遇到相關個案才會想起，想起她時是什麼樣的心情呢？讓我做一個比喻，如果打開一間廁所，一看到裡面真是髒到噁心，你的心情是如何？這就是我想到她或是不得已需要見她的心情。今年八月她還打電話來古晉，說要來看我，我心想黃鼠狼給雞拜年，她說「主要」要來看我「好不好？」，可是嚇死我啦！

其實我以前是非常懼怕她，沒跟她住一起多年後，騎腳踏車在菜市場看到背影類似的女人還會有驚嚇感，怔怔地呆在車上幾秒鐘無法動彈，以為與她不期而遇！尚與她同住時，因為我非常懼怕她，不得已之下盡量避免與她單獨相處（單獨相處就是她的攻擊時間），她就因此將迴避解讀為怨恨，到處去宣揚她是可憐婆婆。

至今，我最慶幸的是，好險都沒罵過她（只有一次忍不住說「你只有在你兒子面前對我好而已！」她就一把鼻涕一把眼淚，彷彿多麼委屈，我天天被她追著糟蹋，卻不能有眼淚的，這是媳婦的悲哀！）也從未去質問她對我的惡語，反正問了也是白問，以前她對我的魔音都是直接在我面前說出的，這對我的自我價值感可是有非常嚴重的傷害，天天聽聞，我都也快認為自己不是人了！這殺傷力其實不亞於肢體暴力。

回顧過去在婚姻中受的傷害，超過百分之五十不是來自愛情出了問題，而是前婆婆對我人格的扭曲與砍伐，在這些年的自我修復之後，對這種魔音之類的攻擊早就免疫，一則是因為自信越來越堅實，且自信越不靠外在的評價，就不受惡語干擾。

二則因為對自己的了解與接納程度日益加深，也相信我自己就是全世界最了解自己的人，不會因為別人說我好或是說我壞，我就變成別人說的那個人，別人口中與眼中的四月女巫是什麼樣貌，跟四月女巫真正是什麼樣，其實無絕對相關，有時候某人眼中的女巫是應此人的心理需求而存在的，也相應於此人的心靈視覺能力而存在的，我跟她計較，其實是在浪費自己的能量，即便是讚美，我都不會因此而得意自滿，謹慎自持是我面對溢美之辭的態度。

你說我現在又聽到這些魔音，會不會生氣？當然會有一點煩厭，有一種「這個人真是難纏耶！不理你都不行喔！」的心情，就像一隻蚊子在你耳邊嗡嗡叫不停，吃飽了也不飛走，就是那種煩厭感。

然而，在基金會遇到與前婆婆有關係的董事，讓我有些擔憂，雖然相信明智的人是不會不求證就相信她的魔音，還是擔心她巨大的想像力障礙我的工作機會，畢竟她在暗、我在明；老實說，我現在是有點擔心她會變成我生命中永遠的小人！

擔憂歸擔憂，其實我心裡明白這些年與前夫家相處的原則，已經減少了很多麻煩與衝突，今後要讓她的魔音無處呼應，唯一方法就是謹慎於自己身口意的造作，魔音必定在虛空中自破。

情緒與身體——女巫的自體驗

疾病的發生，一定是逐漸的，沒有所謂「突然」生病的道理，若是身體的主人無法觀照到身體傳遞出的情緒訊息，身體只能獨自撐著，一直到撐不住！

疾病發生的原因大致可以歸為遺傳、環境、飲食、情緒四大因素，除了遺傳的基礎是自己難以控制，其他因素在某種程度下，都可操縱在自己的抉擇之中。

女巫在第一次婚姻裡，對於身體與情緒的相互關係有極深的體驗。

結婚半年後，我正在師大念碩士班，暑假還需要去學校工作，那天上午到學校後，覺得很虛弱有點肚子痛，因為辦公室會計住院，我須去醫院找她，結果我還沒上樓看她，就進了急診室，因為急性尿血。

之後，我就被膀胱炎折磨了大約兩年。剛開始醫生診斷是細菌感染，說新婚女性容易得膀胱炎，但是我不太認同。

後來反覆發作，發作時腹痛、頻尿、氣虛，不到半個小時就有尿意，每次尿尿都非常痛，喝很多水就越嚴重。每次看醫生都做尿液培養，頭幾次說有細菌，吃抗生素就會好，但是越吃越沒效，我看遍各大醫院，最後在榮總，醫生說尿中沒有細菌，不是慢性膀胱發炎，是間質性膀胱炎。

我也聽不懂什麼是間質性膀胱炎，醫生當然沒跟我解釋，只告訴我這種病吃藥不會好，現在有種新的療法，叫做膀胱擴大術，需要住院，叫我等通知。

住院頭兩天的檢查讓我非常沒有尊嚴，他們沒有任何人來跟我解釋為何做這些檢驗，我必須光個屁股在幾個不知名男人面前做各種排尿檢查，當時的我只能把感覺關掉，認命接受任何擺佈，我覺得他們是在研究我，並不是單純在檢查，可是沒有人知會我，沒有人解釋給我聽，我一問，他們就隨便說說。

出院前，住院醫生跟我講一句話，他說：「你看起來不像會得這種病的人啊！」我一聽，突然恍然大悟，原來這是情緒與壓力引起的心因症，我的壓力來自婚姻中的婆婆，以及其他袖手旁觀的人。

從醫院回家後，未見好轉，每夜自上床睡覺到天亮想上廁所至少十至二十次，其中包括忍住不去，因為我知道去也上不出來，但是尿意卻很重而不能安睡。有時候乾脆就睡在廁所，而我「可以」去上的廁所，需往上走一層樓，一夜這樣往返，還有覺睡嗎？

可，我還是很厲害，書照念，工作照做，但是每天在回家的路上都難過的想去死，因為回去就要看見那個可怕的婆婆，聽到她的語言傷害，被她的利眼監視。

我一直以為我對她的情緒是憤怒，一九九九年帶著孩子獨自搬離她家後，才發現我是極端恐懼著她。

謎底揭曉了，膀胱的疾病多數與恐懼有關，恐懼都是鎖在膀胱中，就中醫來說，膀胱中充滿了寒氣。

因為當時無法離開讓我恐懼的人與環境，在我去看一位號稱神醫的中醫師一段時間後，痊癒到一夜上廁所三至五次，還是不能好到斷根，原因就可以理解了。

每個人都難免帶著某些恐懼，女人則是在原本的恐懼上，還必須承擔嫁入陌生家庭又必須即刻嫻熟夫家一切，並以婆婆特有方式操持家務的恐懼。

女人在婚姻中到底需要承受多少來自夫家的恐懼呢？像我這種天不怕、地不怕的女人，都會怕成這樣，其他的女人到底在幸福地結婚後，默默吞下多少不為人知的恐懼呢？

「我」為什麼會將恐懼發展成為膀胱炎？這是「我」主導的，不是別人害我的！

其實結婚沒多久，我就常在回家的路上胃痛難耐，特別是我哪天趕不及回家煮晚飯給他們吃，前夫又沒有回家吃飯的時候，前婆婆都會在餐桌上指桑罵槐，讓我覺得我是沒資格吃下這頓飯的。

若是我煮飯，她就坐在我後面監視，隨時等著我會犯了不可原諒的錯誤，譬如滴了幾滴水在地上；有一天，我在炒菜，她又來說我不對，我受不了又不願意跟她起衝突，藉故去上廁所，從此我就常在煮菜時，利用上廁所去透透氣，有一天我坐在馬桶上，突然出現一個念頭，若是我生病就好了，應該就可以不用進廚房！

這個念頭出現後沒多久，我就第一次尿血，上廁所原本是逃避或紓解壓力的手段，卻發展成疾病，這是我發病一年半後，回顧整個過程才發現的。

當時一個有錢的年長朋友告訴我：「大家都是這樣熬過來的，熬過二十年，全部都是你的，值得啦！」我心裡想，若是一直跟她住在一起，我一定熬不過五年就往生淨土，連自己的命都留不住，還妄想他們家有什麼碗糕？

然而，膀胱炎幾乎痊癒之後，我又出現鼻子過敏與皮膚發癢現象，只對洗碗用的苦茶粉過敏。

從某一天開始只要洗碗過後就連續打噴嚏半個小時以上，眼淚鼻涕齊留，雙手奇癢無比，痛苦萬分，前夫要幫我洗碗，前婆婆就不高興，我改用一般洗碗精，她罵我不衛生，可，那苦茶粉可是我帶進她家，才開始有的，以前他們不也是用洗碗精！

自小我從不曾過敏，而這種苦茶粉我已經使用多年，從不過敏，為何現在才過敏？因為洗碗也是壓力（結婚三個月就洗到双手長繭）！

總之，那個家庭就是壓力來源，我對前婆婆能迴避就盡量迴避，某一天我跟前夫關起門壓低聲音吵架，吵架的事由還是前婆婆，她竟然在外偷聽，然後破門進入大罵我，說她對我多麼好等等……我一聽，終於第一次說出對她的不滿：「你只是在你兒子面前對我比較好，你兒子不在，就不是！」

她火冒三丈，他們全家人要我道歉，我說的是事實，也沒有辱罵她，堅持不道歉，當晚深夜我又與前夫爭吵，他趕我離開他家，我就叫了計程車回娘家。

回娘家住了半個多月，每天一覺到天亮，不過敏，不胃痛，而且可以天天排便（在夫家，我幾乎上不出來，去學校才上得出來）。後來被勸回去，前婆婆說雖然我不道歉，但是她是寬宏大量的，她愛怎麼掰，我不在乎，我自己下定決心不再讓自己委屈，不煮飯，不再順從他們，我願意跟隨的就跟，不願意就表明不願意，前婆婆非常不爽，只能在親戚面前拚命說我壞話。

如此改變心意，膀胱炎竟然不藥而癒，沒多久就懷孕，同時等日子隨前夫去中國。

當時我若是了解自己的恐懼，能夠有個管道抒發並解決問題，恐懼就不必利用身體來表達，應該不至於病那麼久。

在工作坊中，當我領導學員放鬆到膀胱時，有些人的臉上會出現恐懼的表情，有些人會感覺到膀胱有寒氣向上從鼻孔、喉嚨排出，冥想之後的討論可以讓情緒從未知成為已知，也讓學員知道，有些憤怒其實是恐懼的變身。

情緒轉化或是壓力解除之後，身體就可完全復原嗎？

根據我的經驗是，看罹病的時間長短，若是過長，已經造成身體的永久傷害，或是變成因應情緒的慣性，或是身體對此的記憶非常強烈，要百分之一百復原，其實不太可能。

就像我，在高度壓力之下，還是會頻尿，但是不會像過去嚴重。對於苦茶粉還是有點過敏，能量高的時候，過敏一點點，太過疲勞或是有壓力時，也是噴嚏直打、雙手發癢，我推測是身體對苦茶粉依舊殘留著情緒記憶，也變成過敏體質，不過這些過去的舊反應不太會困擾我。

若是時時以正念觀照每個念頭與情緒，身體就不必作情緒的替罪羔羊了，身體反而是觀照情緒的窗口，與轉化情緒最直接的媒介。當身體不再作為情緒的替罪羔羊，快樂才可能被身體感覺到，身體才可能實踐並展現我的快樂。

女巫與「EX們」

在英語世界通常是以「EX」加在已離婚的關係稱謂之前，代表目前與過去的關係，老外每離一次婚，生命裡就會多了幾個「EX」。

因為一紙婚約，你與所愛的男人結成夫妻，與他的家人變成「親密無比」的親人，他們理所當然地對你有很多要求，也對你有了不少批評教誨；有一天，愛情因為各種因素褪色了，你與過去所愛的男人決定拆夥，相約在戶政事務所註銷海誓山盟，各自恢復單身之後，這些關係不會因此突然消失無蹤，反而因為沒有法律關係之後，某些惡質關係更加無從約束。

對有些離婚夫妻而言，恢復單身並不意味著完全斷絕關係，有些依舊大打出手，有些在性關係上藕斷絲連，與對方講話時還是像婚姻中一樣，大呼小叫指導兼批評，他們在慣性上一如過往將對方當成配偶。既然會走到離婚，他們看那位無善緣的配偶通常都沒有美麗的視覺，看到的盡是厭惡的風景，不善的情緒讓他們的言行依舊不斷越過無婚姻關係的界線，因此離了婚，噩夢並未遠離。

有些噩夢是來自前親戚，像是公婆、姑叔，甚至三姨婆、六伯公都會變成你的噩夢，特別是在有孩子需要探視或是被他們探視的情況下。

女巫我是在等待離婚的階段就開始執行離婚關係的行為準則。第一個開始執行的原則是「不相罵也不相親」，他打電話來罵我、挑釁我，我就冷冷地說：「請你不要這樣對我講話。」他打電話來問候我，客氣又溫柔，我也是冷冷淡淡地說：「我與孩子都很好，謝謝。」不管他說什麼，我既不跟你對罵，也不給他可以進一步對話的回應，因為沒有再加上任何好情緒或是壞情緒的燃料，火熱的惡質關係就漸漸地冷卻失溫。

在這樣的準則之下，我首先嘗到了甜頭，從此情緒不再被他挑弄，身心越來越平穩，因為前夫每次打電話來都以無趣收場，逐漸無啥要事也不打電話來干擾我，我們的生活就越來越平靜無波。

一般來說，離婚後的關係可能從惡質火熱到逐漸失溫，再演變成化成風中的灰燼，我則是在離婚前的分居狀態就大約做到這步田地，所以離婚過程尚稱平和（除了跟他要養育費，他有不太爽）。

離婚後也是以此原則來與其互動，但是如果他冒犯到我，我也是以「恰查某」的姿態去反擊，不過一定是就事論事，不涉及人身攻擊。

另有一點是我最得意的，不管他如何問我的近況，結果一定是任何消息都套不出來，即便出書我也不去炫耀，像是「你看看，沒有你，我過的好極了！」這類的話我從不講，更是絕口不問他好或是不好，有一次他就惱羞成怒說：「難道做朋友都不行嗎？」

老實說，我是一點都不想跟他與他的家人做啥子朋友！做朋友也要互相有點喜歡，我對他們家庭中的眾人可是一點都談不上有做朋友的動機。

所以就清楚回答他：「我沒有與你做朋友的興趣，我們的關係就照離婚協議上維持，一切以法律關係為準。」實際上，我對前夫已經沒所謂的好感與惡感之類的情緒，只是有時他的一些行為會讓我覺得荒謬好笑，我也是忍住，從未逞一時口舌之快去點破或是嘲諷他。

為什麼沒動機跟他們做朋友？既無深仇大恨，他們也不敢對我有肢體傷害，原因是他們家的貫常態度是只要與他家不一樣的觀念與習慣，就是「錯」的，我過去在他們眼中就是「錯錯錯媳婦」，好不容易不是他們家媳婦了，還要自己伸脖子過去被斬嗎？我可沒這麼自虐！

前夫其實就漸漸不再自討無趣，難搞的依舊是前婆婆。對付她，除了「不相罵不相親」之外，偶而她太過分時，也是要用點技巧去反擊。我的反擊通常有兩個武器：一是愚弄，二是拒絕。

以前兒子幾乎每個月都要回去北投給他們瞧瞧，孩子難免傷風感冒，某次孩子有點咳嗽，她就打電話開始連珠砲般質問我，沒有照顧好孩子，生病不帶他去看醫生……她每說一句，我就給一個的理由告訴她不必如此，等她氣得快抓狂時，我平靜地問：「你怎麼知道我沒帶他去看醫生？」她一聽就呆掉了，說了一句：「有就好。」就快速掛掉電話，從這次之後，過了很久很久，我的耳根子都很清靜。其實，她打這通電話並不是完全是關心孩子，大約是太久沒有人可以欺負，來找碴的，我既不被激怒也沒有屈服，下次她想依樣畫葫蘆時，就得多想幾分鐘，不敢輕易嘗試。

這其中有愚弄也有拒絕，單純的拒絕又如何做呢？

她拿一些食物、東西給我，除非是孩子很愛的，我都很有禮貌的退還，不接受她的小惠，有些人的小惠是絕不能收的，拿了就後患無窮。

另外她會利用孩子來假意示好（為何說假意，我可沒有冤枉她，在我不在的地方，她總是有無盡的話來汙衊我），譬如說我去捷運站接孩子回家，她就當著我的面，要兒子對我說：「媽媽，我好愛你！」每次聽到我總是想，我兒子一定是愛我，還用你教，那張假面看得就想吐，這時候我總是不動聲色，一派就是我耳聾沒聽到的樣子，抱了兒子卻不忘說再見，轉身就進站。

我全身上下的細胞都拒絕她，不與她互動，漸漸她想與我接觸之前就會有所顧忌，幾乎沒有接觸之後，我跟前婆婆的關係在某些實質層次就空掉了。

但是她還是有自由可以幻想與我有著某種關係啦！那就是她自己的事情，跟我無關。

離婚之後，應該要放下自憐與報復的心態，除了思維自己要如何經營新生活之外，更需好好揣摹未來希望與前夫以及他的家庭維持什麼程度與樣貌的關係。

如果他的家人都算善待你，能夠持平評價你在他家的那段歲月，而你也願意與他們維持某種友善關係，你是可以不必要像我一樣把界線劃得如此清楚。

然而離婚協書一簽，戶籍也遷離了他們家，就不再是一家人，這是無法抹滅的事實，若是他們在某些事情上撈過界，讓你心裡覺得不舒服，甚至干擾到你的生活，你也是需要把話講明白，以免徒增是非困擾。

我雖然在關係上界線分明，但是在人情事故上也不想落人話柄，畢竟我兒子與他們有祖孫關係，而且我也可憐兩老連自己兒子都離他們遠遠，只有這個孫子在台灣可以看看，他們要接孩子去玩，我從未刁難，有時太久沒來接，我還會打電話問前公公要不要來接孩子。

拉哩拉雜講一堆，約略整理出一些我這幾年實踐的原則如下：

離婚後就要置換舊的稱謂。應該稱呼前夫名字，或是某先生，對外不可以再說我老公，要說我前夫。我有一些學生，離婚許多年了，說到怨恨不平之處，依舊是我老公長、我老公短；一直稱呼前夫為老公，情緒上就還是認定他是丈夫，你與他的情感糾葛就一絲難斷，對他卻無任何約束力量，當他交女朋友時，你就可能有不可言喻的情緒與言行滋生，關係搞成更複雜；

甚至有些女人，自己交往男友時，脫口而出說我老公……不只影響了新關係，自已有時甚至會有外遇的荒謬感覺。對前夫的父母，也要改稱伯父、伯母，甚至你連待他們是一般長輩都不願意，就叫他們某先生、某太太也可以，除非你與他們情同親生父母，否則千萬不要再叫爸爸、媽媽，對外則說前公公與前婆婆。其他人，以此類推。

不過度關心他們，也不讓他們過度關心你，盡量不去詢問他們的日常生活，不與他們話家常，不讓他們知道太多你的事情，維持淡漠客氣、不冷不熱的互動。他們想知道我的事情，我從不回答，都是打哈哈混過去，也不說「不關你的事」這類的話，譬如說前夫最喜歡問我：「現在一個月賺多少錢？」我就說：「這你沒必要知道。」他就說：「我是關心你欸！」我一定說：「謝謝你的關心，心意收到了！」就結束這個話題，關係淡漠就漸漸不會有情緒糾葛，最重要的是，他們想干涉或是找你麻煩都很難找到著力點。

離婚協議書中的協議，若有一方不履行，就事論事，態度很強硬但是絕不做人身攻擊。若不小心說了話，讓他抓到把柄而趁勢偏離主題來爭吵，我一定為自己說那句話道歉，持續用力將話題拉回主題（我們的主題都是孩子）。我的原則是，與他互動的目的是要解決問題，或是捍衛我與孩子的權益，我懶得罵他或是糾正他，像是揭過去恩怨與情緒的動作都是無聊的。我連他外遇，都沒特別拿出來罵過他（我認為是愛情失溫，才會有一方外遇），可能是他外遇對象要生孩子了，讓他從死不離婚，變成主動提離婚，我都忍住不去揭他瘡疤或是說風涼話，我的目的是脫離與他的婚姻關係，不是去逞一時之快。

如果對方來挑釁，不要給任何有溫度的回應，忍下之後，才不會後患無窮。因為一有回應，一來一返之間，負面情緒就在關係中賁張擴大，不管是什麼情緒都會深化關係，與他們深化關係是我最不想要的，我寧願忍住，也不要讓我的回應去促進關係的延續；再者，回應挑釁一定會破壞我的平靜，即使吵架贏了都不會有真正的快樂。

如果對方的善意，你不想接受就直接拒絕，不必不好意思。如果對方在互動時，有惡意或是超越了界線，一定要告知：「請不要這樣講話，我已經不是你太太、你媳婦了！」

女巫的原則看似強硬，其實其中充滿的「捨」的邏輯，若已經結束這個婚姻關係，就一步一步去淡化它，既然已經在法律上已經離婚，在實質關係上也應該維持乾淨分明，才容易重新擁有晴朗的新生活。

至於各位姊妹，與前夫應該如何互動界定，也不必要全都跟女巫一樣，不過，有一大原則是通用的，多想想自己做的決定與言行，是否能確實增益真正的幸福，有時候在退讓與放棄中「捨去」關係，不必然是一種「輸」，已經離了婚，也不必在已離婚的關係中去爭「贏」。

輸與贏都不是我要的，我要的只是女巫風格的幸福與平靜。

女人的內在女巫

某一天，我開車載一個初見面的A到朋友家，經過一段白天非常美麗，晚上卻看不到任何燈火的路段，那夜沒月又無星，A顯得害怕，很客氣地說：「你大概是趕時間，把車開太快了！」

其實時速連四十公里都不到，車燈把路面照得閃亮，我淡淡又帶點神祕的語氣回她：「其實啊，女人都應該讓自己是個女巫！」

她沒聽懂，發出一個帶著疑問的語助詞之後，就不敢再多問，典型的女性化反應，遇事不敢多問。

我本想解釋，並為她添加一點女巫力量，好幫她適應新生活，但是她似乎習慣以美麗公主為力量的來源，真正的力量反而會喚起她的恐懼。

我無聲喟嘆，告訴自己，不要第一見面就嚇壞人家，顯露力量的女巫經常會嚇到人。

我問她：「你會開車嗎？」

A說：「我在台灣開車，但是來這裡一年多，我不敢開……」

我心裡想，在台北你都能開車，在古晉哪有不敢開的道理！「這樣不是哪裡都不能去？很不方便，不是嗎？」

她支支吾吾說：「只好每次都等人來載我囉！」

每次看到這種自我軟禁、放棄自由行動的女人，我就忍不住要多說兩句，「在古晉不開車，就像軟禁一樣，你不想自由行動嗎！」

到古晉的台灣女人，大多是婚姻移民，不然就是跟著先生來投資的。A是一個人帶三個孩子來開美髮廊，假性單親媽媽，尚未離婚。以她的情況，到這麼遠的地方來創業，除了真本領，還需要女巫的基礎魔法——膽量，但是我發現她運用的只是童話裡公主的能量，真是替她擔心？

女巫或是巫婆，若是以戲劇、故事等娛樂的的方式存在著，不管是醜陋或是妖艷，人們對她們並不是太過排拒，為了陪襯美麗的公主，女巫是必須存在的，而且一定要夠壞夠醜，娛樂效果才能夠顯著發揮！

但是，女巫或是巫婆，若是存在於個人與集體的心理介面，女巫總是蹲踞在男男女女的心理黑暗面，飛行在人們不能自我接納的世界中，女巫也隱身於現實世界中讓我們恐懼萬分的情境裡。

我遇到的第一個巫婆是睡美人裡那個因「羞愧起呸臉」的巫婆，在畫面細膩的卡通中，她是集所有邪惡醜陋於身心的女人，另外三位也會魔法的女人，因為溫柔善良、無私無我，所以被稱為仙女，而不是巫婆。

巫婆除了身或心極醜陋之外，一定充滿了私心與欲望，未達目的不擇手段，而且毫不掩飾自己的野心與能力。

被稱為仙女的女巫，則剛好與壞巫婆相反，不只善良和藹，必然也是無怨無悔又無瞋無貪，在西方童話中，這是固定的橋段，故事無法不這樣進行。

壞女巫有著邪惡的心靈，卻一定有強大到令人畏懼的魔法，好女巫有善良美好的心靈，她的魔法卻無法迎戰大敵，對於壞女巫的追逐與迫害只能極力躲藏走避，最後終究被邪惡的力量所追捕，然後一竿子善良美麗的女人只能呆呆又癡癡等待著王子來發揮拯救眾家女人的功能！

為什麼壞女巫這麼壞，卻這麼有力量？好女巫這麼好，為什麼鬥不過壞女巫？好女巫為何這麼容易被打敗？

為什麼故事裡的公主總是無助又柔弱，乖順地被關在塔樓上，默默等待著素未謀面的王子來搭救？為何壞女人總是不會被軟禁，不呆坐等著別人來拯救，是毫不遲疑去爭取她所要的？

小女孩的我，希望長大後是好女人，但是我不想當這種沒用的好女人，如果我勇於追尋又不屈從於性別的制約，是不是就變成像壞巫婆一樣的壞女人呢？

我還揣摩著，是壞女孩比較容易在社會上成功生存？還是好女孩？壞巫婆是真的「壞」嗎？好巫婆是真的「好」嗎？

讓我更疑惑的是，女巫們鬥法，好女巫鬥輸了，又必須依賴不會魔法的王子來營救，為何女人無法以自己的力量來解決自己的問題呢？

這些經典童話故事總是不能讓我服氣，所以難以如其他女孩，一次又一次沉迷在這些故事裡。

即使大多數女人只愛當公主，傾向把女巫當成迫害者，每一個女人心裡還是有個女巫。好女人死命地把自己的女巫鎖在心牢裡；相反的，敢愛、敢恨、敢要、敢不要的女人，內在女巫是處於自由活躍的狀態，內在女巫讓「壞」女人的心智高度發展，走起路來虎虎生風，情緒平衡又充滿正面力量。

自由的女巫若被好女人瞧見了，關在好女人內心的女巫，於是躁動起來，因渴望自由而努力撞擊牢門，這下就激怒了好女人的獄卒，那些發揮女巫力量的女人，便成了好女人茶餘飯後發洩怨怒的對象。

好女人不敢把怨怒投向男人，即使讓她不快樂的只是男人而已，她都只能將千年怨怒發洩在女人身上，這些倒楣的女人就是女兒、媳婦、妯娌、姑嫂，走在街上漂亮自信的女人，坐在隔壁的同事，甚至是外面的狐狸精……

好女人不認為自己有壞胚子，卻在長年壓抑之下，身心逐漸壞去，某天已經成了睡美人裡的黑女巫，卻一點都不願意承認，依舊天天攬鏡自照，說自己是潔白無暇的公主！

好女人如你，想要放出被囚禁的女巫嗎？願意啟動女巫的力量，解放你的壓抑與遺憾嗎？好像有點難喔！因為好女人對女巫之所以是女巫，有著極深的誤解！

我們從小對巫婆印象都是來自西方的童話故事，對女巫幾乎都是醜化的描述；然而，只要對原住民的文化有點認識，就知道部落裡一定會有巫婆或是巫師，他們打點的是部落族人身心靈的各種需求，他們具有一般人沒有的知識、洞見，也有著比普通人更深邃的性格，能洞悉凡人所不能覺察之事，能與凡人無法見的世界進行溝通。

因為異於常人，她所理解的事物不容易被全然了解，而受到敬畏，也容易受到攻訐。人們難以理解她的能力，必然對她有所臆測，女巫知道不可能教導所有人都懂得她的知識，並不指望所有人都能夠理解她，她更不希望人們的臆測與好奇干擾她的獨特生活，所以盡量不居住在人太多的地方，除了尋求幫助的人之外，也不想跟太多人有往來。

女巫極有自知之明，也有卓越的識人之知，卻少有人可以不偏差地理解女巫，何況男人對於難以理解與掌控的女人，有著芒刺在背的恐懼，使得這世上意欲獵殺女巫者，何其多！但，女巫若是決心維持女巫狀態，是不可能被獵殺，除非她自願放棄身為女巫的能力！

與內在女巫力量親密結合的女人必然被受予魔法——一顆柔軟又堅硬的膽子。

自此，有膽不把旁人說的傻話放在心上，有膽不把旁人說的狠話聽進耳裡，更有膽子不必依賴旁人的甜言蜜語來讓自己歡愉，也有膽子不掩飾自己的滿足與不滿足，有膽子不裝笨，有膽子不討好、不附和。

習得女巫魔法的女人，有膽子不聽勸，自信踏入號稱女性不宜的世界裡去發現渴望的島嶼；當愛情變質時，有膽子相信自己值得擁有更滿意的愛情，也有膽子相信離開之後，一定會遇到更好的愛人；當跌入生命黑洞時，有膽子信任自己具有跳離黑洞的能力；當走進未知的空間，有膽子拿著火把走出害怕的圈圈，一一點亮所有燈火，在晶亮中快樂跳著歡慶之舞！

女巫與公主都住在女人心底，都是女人需要的，撤除女巫與公主的勢不兩立，你，身為一個女人，才能得到完整的力量，立足在當今的這個世上。

陷落在原鄉與異鄉的大馬華人

這題目很八股喔！不像女巫風格，您看下去就知道啦！

今年，當台灣人如火如荼在選我們台灣人的總統時，大馬華人也如火如荼地關切我們的選情，有趣的是，同時他們也面臨大選，又是二十五年第一次換總理的選舉，華人對於馬國選情的冷漠與冷感，更凸顯他們過度關切台灣選舉的荒謬性。

這裡的報紙天天罵阿扁像是在罵自已家的印尼女傭一樣，曾經有個文筆不太佳的專欄作者罵阿扁，說他沒出息，那麼想做總統，有種就立定志向作偉大中國的大總統，做台灣這種小國的小總統，真是沒出息的很！我看了這些文章，心裡真的很替這些大馬華人感到難過，這個作者如果這麼有出息，怎麼不去立志做大馬第一任華人總理，好好造福華人，照顧華人呢？或者乾脆移民去中國，立志成為中國總理，來揚名立萬呢？

大馬華人不只不可能在馬來西亞建立一個華人國，連在政局中，為華人多謀些福利的機會都少得很，只能望著台灣人進步的民主自由興嘆，羨慕之餘卻只敢啣著中國的口水，語無倫次地說著自己也搞不懂的話，除了可悲，我不知道該說什麼？

只要中國當局恐嚇一下台灣，大馬的諸公就該開始跟著罵（這些知識份子大多卻是留台生），唯恐中國人的口水噴得不夠遠，打不到阿扁臉上，他們也努力地噴，希望聚成更大的口水柱，努力襄助偉大的中國母親，甚至一般的市井華人也在用口水幫中國打台灣的過程中，彷彿可以稍稍幻想自己不再是大馬的孤兒，心理上得到些微的幻境補償效應。

我看這些報導都有一個很大的疑惑，台灣人的政治跟他們真的有那麼大的關係嗎？

這些行為一定跟他們的集體心裡情結有關，當台灣人總是可以與政治熱烈做愛的時候（雖然做愛姿態經常不甚雅觀，甚至粗鄙難以入目，大馬華人看得可興奮呢！）大馬華人在政治參與上依舊被迫禁慾，連手淫的機會都少有，所以只好觀看著台灣的政局，以意淫來解決飢渴。因為禁慾過度，所以意淫中老顯得過度激動，失去正常儀態，讓不知所以然的人覺得錯愕。

大馬華人為什麼有這麼多鬱卒呢？自從新加坡被踢出馬來西亞聯邦，華人的政治勢力就大幅削弱，馬來政府明顯偏向照顧自己的族群，華人政治勢力不振，對華人的各項照顧就相對削弱，教育、社會福利幾乎難以周全照顧華人。

華文小學雖是公辦，但是限制頗多，有很多不合理要求，難以增建擴建，導致學校擁擠，師資不足，但是馬來國小、國中卻一直增建，校舍空盪，經費多到亂花，學生卻不足額；華文中學曾面臨全部關閉的運命，爭取華中的人士一個個被抓去關起來，就像台灣的白色恐怖，竟然只是為了華人子弟想要繼續在華中升學，後來華中可以辦了，只是所有經費都是自籌，因此現在的華中，都稱為華文獨立中學，簡稱獨中，這些獨中可都是馬來西亞奇蹟，到台灣讀大學的大馬僑生都是獨中生，成績都不會輸給台灣的學生。

華人購買房子的條件也是不平等，華人在大部分的地區購屋只能擁有五十至九十九年的土地使用權，其他族群卻不受此規定約束，如果華人開公司，必須聘請一定比例的馬來人與土著，即使工作能力極差都不可以開除……。總括說起來，華人在大馬只是不過是次等公民，雖然貢獻良多，但是政府只當華人是會生金雞蛋的童養媳，再怎麼樣造福大馬的經濟，都不被正眼瞧著。

如果你與大馬華人知識份子談起這些，他們大多悲憤到不能自己，同樣都是中國移民的後代，大部分的祖先都是在中國住不下去才冒著生命危險遠渡海外，台灣可以在歷史中形成一個同族群的國家（或是說尚未正常化的國家），大馬華人似乎永遠都只能寄居於一個馬來國內，無法在法制中被正常對待。他們極害怕被同化，所以極努力維繫中華文化（比台灣還努力！），但是維繫與中國的臍帶，就等於同時抗拒與居住國的連結，也就享受不到國家的完整庇護，在兩難中，有些華人於是逐漸放棄華人血統身分的認同感，讓孩子講英文，唸馬來校，成了不會中文的馬來西亞華人，有些華人則領著孩子一起掙扎，靠幻想著中國的強大，在種族歧視中求生存，期待某一天中國母親將重新領回自己的孩子，撫慰著大馬華人的辛酸。

大馬華人因為必須幻想著中國的強大，即使長期以來華社的經濟、教育、文化上都跟著台灣步調走，在政治立場上卻必定配合著中國的喧囂來與台灣對立，在在都在滿足心理的不幸感與匱乏之感。

對這一切不公平的對待，馬來人的說辭是「你們華人不夠愛國？」他們說：「不知道華人到底愛著哪個國？」就像一個嫁入門三十年的媳婦，被指鼻子罵「心不向著夫家」，這其中的種種恩怨情仇，不是單純誰是誰非可以較量的。

在這個當口，台灣政局演變至今，竟然成了大馬華人紓解鬱卒的出口，豈不妙哉！

拿著紅色護照的馬來西亞華人，你的原鄉到底是哪裡？異鄉又是哪裡呢？如果中國是原鄉，異鄉就是馬來西亞，你何時要回歸原鄉，改拿中國護照呢？如果你已經在這個馬來人居多的土地定居下來，你自認為是馬來西亞公民，大馬就已然是原鄉，異鄉就是中國了，是嗎？

如果永遠讓自己陷落在原鄉與異鄉的峽谷中，無法自拔，幾代華人也找不到定點可以安定靈魂。

現在台灣又在選立委了，他們又有機會可以紓解一下政治慾望，女巫也是有點替他們感到高興啦！當台灣人的慈善義舉揚名全球時，台灣混亂的政局竟然可以普渡大馬華人，讓他們在原鄉與異鄉的夾縫中得到一些救贖，這也是功德一件，您說是嗎？

別讓妄念充滿新年

過年前後是人們妄念最多的時節，因五取蘊的苦——生、老、病、死、憂悲愁惱、怨憎會、愛別離、求不得，在舊的一年將過，新的一年將屆的當兒，這八苦一定是特別熾盛。年關將屆，容易感嘆一年又過去了，不由自主再一次回顧曾經發生過的苦，當這些苦被回顧的時候，又升起新的欲望——希望新一年不要再有這些苦了。但是，又沒把握自己不遭遇這些苦，根據經驗法則，好像年年都無法避免這八種苦，所以就害怕起來了，趕緊舉起馨香，祝禱諸天神與佛菩薩，滔滔不絕地對著案上的佛祖說著心願，訴說所擔憂的事情，希望諸佛發出大威神力，佛到苦除啊！

若是過去一年，某人事事如意，風光得不得了！新的一年即將來到，也是會擔心好運消退，於是趕緊在神案前擲筊，舉香祈求眾家神明與佛菩薩保佑好運不消而且更旺。

但是在這些祈求的過程與之後，生、老、病、死、憂悲苦惱、怨憎會、愛別離、求不得的苦，只會越來越多。若是不相信自己可以靠自己實踐佛的教誨而離苦得樂，即便對著如恆河沙一般多的佛菩薩祈求，充滿苦的心也是不會安定下來，心中出現反覆的度量，佛到底會不會如我的願？我是不是要多做一點布施，佛才會悲憫我的渴求、圓滿我的願望呢？但是我手頭這麼緊，哪有錢布施？……越想就越煩惱，甚至開始怪罪起身邊的人……，希望佛到苦除的佛前祈願，成了苦的催化劑。

蘊積的苦越多，就容易增加新年期間的煩躁，心情一煩躁就更易添增執著，執著加上煩躁的情緒，很自然地就引發身口意的惡業，雖說過年是歡樂團圓的時節，大家都知道，這也是最容易引發家族衝突與宿怨的時節，就是因為新舊交替時節也是我執更加活躍的時間。

偉大的世尊釋迦牟尼佛，成道之後的四十五年間說法無數，就是沒說過對佛祝禱就可以佛到苦除，他只說過親證佛說的法，就可以離苦得樂。

然而，諸佛菩薩的慈悲無量無邊，即使眾生以愚痴而非清淨的的心，對著佛說出違背世尊教誨的心願，常常有人依舊所求滿願，如同過去的我。

有一天，我對著觀世音菩薩又叨叨念著，自己因貪、瞋、癡而生出的祝禱，突然慚愧現前。

如下的心念出現——佛菩薩教導的唯有解脫之法，佛菩薩在成道之前與成道之後，一心關注的也唯有寂靜、證智、等覺與涅盤，若是對著一個只取清淨食物的人求取垃圾食物，這位只食清淨者作何感想？祂清楚知道，我的祈求對我無真正利益，祂還要給我嗎？如果祂還滿我這微不足道又對滅盡煩惱、斷除輪迴、結束生死了無意義的願望，是合等的寬大無邊的慈悲！

祂是不是在等待著，我有一天終於可以生出今天的慚愧？

我又思維，如何不以已經發生過的苦，做為新年祈願的草稿？

如何不以未來可能發生的苦，做為新年祈願的腳本？

如何不讓我在新舊交替的當下，活在舊的妄念與新的妄念的夾縫中？

我應該以什麼做為新年祈願的內容，能夠令佛歡喜，同時能夠令自己離開充滿貪、瞋、癡的輪迴軌道？

當妄念浮現，我靜默觀照妄念，看到妄念是八苦中的哪一個？我問自己，若是我的愛欲願望實現了，可否真正斷除我的煩惱？可否永遠斷除我的苦？答案通常是不能，由五取蘊所生的愛欲願望，絕對無法斷除八苦！

那我該如何？我該看到妄念背後的解脫契機，走進世尊的諄諄教誨中，不再於妄念中沉浮，不於新的一年的開始，捧著滿懷的妄念走到諸佛菩薩的跟前，向世尊祈求所有諸漏悉滅盡的聖者所拋棄的世間枷鎖。

我祈願「願我盡形壽為佛弟子，願我超越愁悲，滅除苦憂，成就聖道，以體證涅槃為生生世世唯一的道途，願我在新的一年，持戒圓滿，智慧增長，禪定無有退轉，身口意清淨，以此為新年的大願。」

如果宋美齡成了台灣第一位女總統

誰是「永遠」的第一夫人？最近幾天大家都會想起，蔣宋美齡女士。

在那個女人只能做男人的脖子的時代，蔣宋美齡再如何睿智、多謀，口才與外交手腕即使比中華民國任一個外交官高明，她永遠只能是一個「第一夫人」。

「永遠」意即不會再有第二個如此「偉大」的第一夫人，也意即，台灣不會再有第二個蔣介石之流的「偉人」，永遠的第一夫人，誰能與蔣宋美齡爭鋒呢？

任何擁護台灣民主與自由的人都不樂見出現第二個蔣宋美齡（如此就一定有第二個蔣介石），我們樂見的是，如果出現能力、見識如她者，有朝一日成為全球讚譽的台灣女總統。

「夫人」者，有「夫」才是「人」，如果蔣宋美齡，沒有冠了個夫姓，她的才能有舞台可以發揮地如此亮麗嗎？沒那個權大兵多的老公，她哪能當什麼第一夫人？哪來機會做這麼多令人緬懷她的事蹟？如果她的總統老公湊巧也熱愛外交工作，英文流利辭令豐富，她能有機會展露外交風采嗎？

如果她是個單身的女性政治工作者，或許她就會到遭遇當前幾個未婚的女性專業政治工作者類似的對待。「未婚」這檔子事總是變成眾多七先生的眼鏡，任她表現如何令人喝采，總因為她的**marriage status**，一言一行就是被七先生給看歪看扭了！

蔣宋美齡無疑曾經是中國最美麗的也最有智慧的女人，不過她終究是個女人，沒有任何官職，卻負擔有如政府高層公務員的重責大任；然而，在她的時代，蔣宋美齡也不需要任何正式的官職，因為她是全中國，以及反共復國的中華民國最有權勢的男人的女人。

在父權如磐石般堅挺的時代，有能力的女人只能附屬於一個有權勢的男人，她才能擁有舞台與兵將（阿根廷也有一例），否則她的能力只能用來使喚廚房與花園裡的小動物，如同仙杜麗拉，只有廚房裡的蟑螂、老鼠知道她的智慧，只有花園裡的小鳥與松鼠了解她的美麗。

似乎一個女人必須先隸屬於一個「優秀」的男人，大家才比較願意承認這女性本來就有的優越，女人的優秀才能好像需先透過男性的蓋章驗證，才得以橫行江湖。

我們難以否認，蔣宋美齡是中國歷史上絕無僅有的女性，但是台灣不會再有第二個蔣介石，也就不會再有第二個蔣宋美齡；如果台灣出現第二位蔣宋美齡般的女性人物，她一定不會是永遠的夫人，她一定是個專業的女性政治工作者，她身邊的親密男人不一定是有權有勢，也不一定是優秀過人，卻是個願意欣賞優秀女性，並且幫助她發展專業，以貢獻社會，更是會與她一起彈性協調家庭責任與親密關係的生命夥伴。

看著這幾天諸多緬懷蔣宋美齡女士的新聞與史料，她過去在外交上的亮麗成就是被緬懷的重點之一，在目前外交境況極其窩囊的時刻，再看看這三年多來我們的「外交」呂副總統，讓人不禁要去聯想如果當年因緣際會，讓風靡美國政壇的蔣夫人宋美齡女士做了中華民國的總統，也是就第一位女總統，當今台灣的政壇與婦女運動，不知是何光景？

在單調的緬懷、對立的批評與隨之而來政治戲碼之外，或許可以從此角度聯想，理出一些靈感，作為當今政壇鬥爭與婦女運動發展的另類思維。

有子承母姓

記得二〇〇三年七月，曾應囧氏之邀寫過一篇〈誰在乎姓什麼？〉，在父權文化的強大制約下，從母姓大多被視為偏差（因為沒有爸爸可以姓），或是象徵家族有些殘缺（因為母親家沒生兒子），到底誰在乎孩子姓什麼？

二〇〇〇年八月離婚時，在開始談判細節之始，前夫先問我，如果孩子給我，會不會給他改姓，我告訴他：「安啦！台灣的法律還沒那麼進步！」他聽了霎時放心了不少，原來一個不真正愛兒子的男人，離婚時最在意的事情竟是兒子會不會被改姓！我當時暗自慶幸，好險他只在乎這件事情，這樣就好談了，卻在心中更加鄙夷父權男性。

感謝婦運同志的努力，二〇〇三年十二月二日，我的兒子從那天起，改姓了我父親給我的姓氏，不是以繼承母親香火為名，也不是因沒有父親的姓氏，而是因為他是我獨立監護撫養的兒子。

我不認為改姓成功可以稱為勝利，但是身為女性主義者，當走出戶政事務所，在冬陽的照耀下，我還是有股莫名的驕傲在心底升起，我問自己，我高興嗎？高興什麼？一個獨立撫養孩子的女人，終於可以擁有冠上自已姓氏的孩子，確實是一件令人欣慰的勝利。

原來我對改姓這件事，也不是非常在意，改姓的動機是因為我再婚之後，遷居馬來西亞，兒子遇上了簽證的問題。

馬來西亞無疑地也是一個父權的國家，移民官說如果沒有生父的同意書，怕生父來移民廳要孩子，他們會被告（如果是父親帶著孩子來馬國，誰會懷疑媽媽會來鬧事了呢？）我告訴他們，我可以將他帶出國我就有監護權，我的戶口只有我們兩人就可以證明，但是戶籍資料上沒有載明監護權（其實我只有一半的監護權，但是我有前夫的監護權委託書），他們不信（馬來西亞無戶籍制度，他們依身分證與出生紙來證明身分與族群）。

後來我們給了一些小意思，才過關，這件事情卻讓我想徹底解決監護權與姓氏的問題，以免後患無窮，另一個原因是一家三個姓，萬一哪一天兒子的老師不知情，直呼我先生叫傅先生，叫我傅太太（前夫姓傅），豈不尷尬。

改姓是我最終的目的，但是得先改監護權。

自從知道我再婚，前夫就沒有按月提供孩子的生活費，按離婚協議書所明訂，未付孩子的撫養費即視同放棄他的監護權。

在連絡時就知道前夫應該願意放棄監護權，而且是很樂意，原因當然是不需付錢囉！但是他還是必須要展現出一個在乎親骨肉的模樣，他要我承認，不是他不願意撫養孩子（他的鬼話很多，只有鬼會相信，他不敢承擔放棄親生兒子的罪，怕祖宗半夜打他巴掌），也不是他養不起（還要彰顯一下自己的經濟能力），而是因為我的要求（如果他這麼善體人意，當初不會離婚）。

不過他還是不放棄刁難我，我們有一些有趣的對話：

他說：「如果監護權可以改來改去，離婚也可以改來改去！這算什麼？」

我暗自偷笑，說：「你有點常識好嗎？監護權可以因為監護人與孩子的條件改變，依孩子的最佳利益而更動，離婚後如果後悔，可以再去結婚，這是兩件事情！」

他說：「那孩子給我養啊！」

我說：「如果你堅持這樣，我們就只好走法律囉！」

他說：「可是你知道嗎？你不能告我，你沒資格告我，我是孩子的爸爸！」

我笑著說：「我沒有要告你，只是申請改判監護權！」

他說：「我如果簽給你，你就可以改姓，我都不能管，你知道嗎？」

我心裡想：「廢話，我當然知道！」就笑著說：「你自己決定要不要簽！你如果不簽，我也會有我的做法！」

然後他又說了半個小時話刁難我（剛開始我還有點惱怒，會反唇相應），慢慢地覺得他也只能如此，我的目的不是要跟他吵架，懶得跟他一般見識。

當所有可以刁難的話都說完，他慢慢地拿出最珍愛的偉大又粗大的萬寶龍鋼筆，在監護權更改約定書簽上他的大名。

然後我們就上樓去辦手續，我可以感覺他的心情極好，似乎很高興輕鬆，看起來不用花錢養兒子，對他而言是一件很幸運的事。

但是我還有個任務未完，這件事也不想明白告知前夫，以免一波三折，如果改姓之後，他有意見，他也只能怪自己法律與時事知道太少（但是他知道，要回監護權就是要給孩子改姓，入籍馬來西亞）。

我們母子跟他一起走下戶政事務所之後，他以騎摩托車沒有帶小孩安全帽以及沒帶錢出來為理由，不帶兒子去玩玩。我牽著兒子，過馬路再繞回到區公所，給兒子辦改姓的手續。

等了兩分鐘，抽到一個老公務員，看起到可以退休的年齡，一頭花白的女性，大約五十多歲。這幾年台北市戶政機關的公務員服務態度都非常好，這位大姐聽到我要辦改母姓，臉部的笑容有種被急速冷凍的窘態。

她離座去拿資料，回座時就問我：「真的要改嗎？改了就不能改回來！」

我心裡想，幹嘛要改回來，眼睛直直看著她，對她說：「是，要改！對了，我還要申請戶籍謄本！」

她突然有點惱怒地說：「你到底是要辦改姓！還是辦戶籍謄本！」

乖乖！這大姐生氣了，我替兒子改姓，她生氣了耶！就像是那些罵婦運罵得義憤填膺的人一樣！如果不是她非常謹守公務員的本分，我看她馬上就拿出我這老女人放進鍋裡的鹽，比我們這些不守本分女人看過的男人還多等等（她一輩子應該只用過一個男人而已吧！）來諄諄教誨我！

我瞪她一眼，說：「兩個都要！」

然後，她沉默了一會，似乎在尋思如何讓我放棄更改兒子的姓氏。

她說：「你不是剛剛才辦過監護權變更？剛剛怎麼不一起辦？你先生同意嗎？」

我說：「你說的是我前夫，不是我先生，我已經再婚，現在的先生不是他！」我給她一個「你懂了嗎？」的表情，接著說：「剛剛前夫在，給他點面子，不在他面前改！」

她就很緊張地說：「這樣怎麼可以！他如果不同意，要改回來就麻煩！」此時她就停下來，看著我，眼神好似想拯救我，不然我就將陷入大逆不道還是什麼危險似的。

我看著她，很堅定嚴肅地說：「我有監護權，法律賦予我將孩子改為母姓的權利，不需要他同意！」自古官怕官壓，拿政府德政出來壓她，她才收起個人的信念，專心幫我辦事情。

但是，不知要說她太好心，還是替父權社會服務太久，做這類違背傳統文化的事情讓她心裡非常過不去，過幾分鐘，她又說話了：「如果改姓母姓，以後要改回來，就很難喔！」我實在懶得回話，用眼神問她，「怎麼難法？你到底想怎樣？」

她似乎覺得自己捍衛有望，就得意的說：「如果以後要改『回來』（『回來』是何意呢？改成媽媽的姓，不也是『回來』媽媽的家族嗎？），就要重新變更監護權喔，很麻煩，你要不要再考慮看看！」

喔，我的天啊！真的覺得可笑，我笑著跟她說：「謝謝你，我不會把兒子的姓再改『回』成他爸爸的。」

終於，我拿到新的戶口名簿，戶籍上我們母子都同姓了。在改姓的手續中，承辦的公務員問了我三次：「真的要改嗎？」她還藉故生了一次氣，好像結婚時，法官或是牧師也沒問這麼多次！

若是個性比較軟弱、自信比較不夠的女性，對法律的認識也不夠清楚，也可能害怕公家機關的層層關卡（其實除了法院，大多機構很都便民），在這個過程中，承辦公務員的種種私人態度，就阻礙了民眾的權益，如果換成是別人，搞不好真的打消改姓的念頭，或是被嚇到不敢改了，這個大姐，可能會在事後沾沾自喜，覺得自己做了一件功德，幫助一個孩子免於姓母親的羞恥（這個大姐心裡有的信念——姓媽媽的姓怎麼可以！）。

兒子與我慢慢步出區公所的時候，已經接近下班時間，我們母子剛搬出來自己住時，就是住在這附近，常常背著多病的翔翔到行天宮，尋求恩主公的護祐，我腦中一樁樁浮現母子一路走來的往事，兒子突然問我：「爸爸為什麼剛剛不帶我去走走？」

我看著兒子，類似的問題他從小就問，雖然兒子跟現在的爸比感情非常好（她自己為了區分兩個父親，現在的叫爸比，生父叫爸爸，足一歲以後，一年需要叫爸爸的時候不超過一星期），但是對這個不熟悉的爸爸，還是有點期待，因為有期待，所以有失望與迷惑。

我還是像以前一樣回答他：「我不知道他為什麼這樣，他說他沒戴安全帽，也沒帶錢！」

兒子說：「可是他不知道今天要來帶我嗎？」

「他應該知道啊，可能是他有其他的事情要辦，所以又不想帶你！」

兒子頭低低的說：「他明天說要帶我去買玩具，會來嗎？」

「應該會吧！如果他不來，媽媽帶你去！」

兒子笑了，不知道是在乎爸爸？還是在乎玩具？

誰在乎呢？反正翔翔現在真正是我的兒子，有兒子姓我的姓，對一個女人來說，也是一樁得意事！

為什麼要創業？

為什麼要創業？是不安於室？還是想賺大錢？如果你問我，我的答案是「都不是」，只是因為內心有個聲音叫我必須如此去試上一試。

罔市主編妙瑩的一通電話，讓我想起一九九三年的第一次創業，我跟朋友開了一間店，叫做「賣東西藝舖」，專賣東方與西方的東西，所以叫做賣東西，也有著賣全世界的意思。

兩個小女子想賣全世界，口氣夠大吧！

我翻出了那時候寫在店門口的海報內容：

「為什麼想開這樣的店？」很多客人這樣問。

沒有經過合理化的理由是「就是想開一個這樣的店！」這不過是想在年輕時完成的願望之一。相信有很多人都有過這樣的想望，只是他們沒有我們的幸運，能有與他人比較不同的經歷，以及這麼好的夥伴。真應該感謝老天爺給我們這樣的緣分，有了這間小小的理想國。如果你還想知道其他理由，那我會告訴你：「如果你的老闆不能給你一個理想國，就自己創造一個吧！」

我們的生活很簡單，物質的欲求已經降得很低，在我們身上最貴的開銷大概就是旅行。雖然我們的小藝舖開在物欲橫流的東區，但是，路邊疾駛的名牌轎車、大哥大的叫聲，以及在昂貴服飾店門口留連不已的女子，都彷彿與我們毫不相干。

希望進來小店的客人都可以感受到，我們給客人的不只是滿屋子精心挑選的藝品，更多的是兩人對這個社會的想望，更多的是兩人這些年來對生活的淺淺心得。

這個店隨著現實的壓力，讓我們決定將它頂讓給別人，店租是龐大的壓力，每個月都得先賺給房東，才輪得到累積資金去補貨與自己的溫飽，又面臨台灣經濟開始不景氣。我看準了現在頂店還不至於賠錢，所以忍痛將店請讓給一個客人，整間店的貨幾乎全部出清，沒有怎麼賠錢，卻賺了很多經驗。

這些經驗是當個上班族不可能領受的。

一年來，我們自己做決定，自己負責任，而是不是聽命行事，所有的一切都是按照自己決定來安排，當然後果也是自己負責。一個人帶著大堆錢出國去辦貨，在南非的黑人街，一手藏在口袋握著辣椒噴霧氣，隨時防搶，一手抓著錢包。為了省錢，在機場與地勤爭論不休。遇到過千奇百怪的客人，也遇到過騙子，用我的同情心騙我的錢，也遇到過順手牽羊的小偷，不偷東西卻偷老闆的錢包，更見識了各式各樣掃街的推銷員。

雖然沒賺到什麼錢，但是賺到的經驗，卻是錢都買不到的。當時一些「大人」都嘲笑我們，覺得我們傻、我們笨，放著好好的學歷，不去安分找個工作，拿錢去辦家家酒。然而，所謂的「值不值得」可以只是用「有沒有賺到錢」，或是「賺得穩不穩定」來衡量嗎？

第二次創業算是自己昭告天下說成立了「非靜書房」，非靜書房並不在某一個建築物裡面，而是在我的心與腦裡面，她就是我，我就是她。

一九九九年終於寫完論文，也打算結束婚姻，但是手上什麼都沒有，沒有錢、沒住處，也沒有工作，還帶著未滿一歲的翔翔。如果想要先穩住經濟條件，應該先找個教書的工作，或是去考公職，但是成人教育的教學工作必定先要放棄，一旦放棄成教教學，投入一般的教學或是行政，論文相關的研究必定不會再持續，就會跟大多數成教的碩士畢業生一樣，不再從事成教工作。

於是，我的老毛病又犯了，如果要做就做自己最想做的事，不想偏離願望太遠，所以我決定讓自己苦一點，先熬一段日子，想證明這樣做是行得通的，雖然成教界沒幾個人支持我，社工界我也沒人脈，僅有的些許人脈，看到情緒觀照工作坊的課程大綱都嘲笑我，說工作坊不可能這樣帶，而且「你又不是外國那些門派的弟子」。

本土自創的課，在很多人的眼中是不值一試，一定要照著西方大師的課程照表操課，才是有效的好課程。

想帶讀書會，這是我的老本行，離開台灣時正是讀書會的蓬勃期，一些課程管道都被某些人掌握了，我一個一個機構自我推薦，好的時段不可能輪到我，只好接一些沒人要接的時段，或是講師費少得可憐的課程。

沒有課教的時間就努力充實自己，閱讀學術與一般的資料書籍，用心寫教材、努力寫書，相信機會來的時候，隨時都可以有最好的表現。

《情緒12堂課》寫好時，原本同意要出書的出版社反悔，我到處吃閉門羹，那時有家剛從大出版社分離出的心理方面的出版社，拒絕我的投稿。編輯說：「你又不是大師，這樣的書不值得讀者去買……」說得我心頭泣血，也非常不服氣。

西方大師的書不可說是不好，但是普羅大眾，特別是台灣廣大的女性，有幾個真的讀得進去這些翻譯的心理著作，有幾個人真的可以去實踐書中所說，我回信給她：「你實在不了解一般台灣讀者的需求！……」

我相信我寫的書是有價值的，讀者會感動，更是受用無窮。

這幾年，真可以說一步一腳印，很自豪這些年所累積的腳印，每一步都是結結實實，每一步都是內心聲音的實踐，賺到的每一塊錢，都與理想緊緊結合在一起，不再為現實而委屈自己。雖然前途未明時，也曾經徬徨，但是從沒有真的失去過信心。

生活、工作與理想，緊密的結合在一起，在台灣這個社會中，這是何等難得，如果當初貪得一時的穩定，能有今天的生命滿足嗎？我想是不可能的。

雖然我的收入就跟工作時間一樣自由，然而，一個人一輩子能用掉多少錢呢？你住的房子一定要是你的名字，住起來才會感到安全舒服嗎？心裡的恐懼一定得用現實的財富來填補嗎？錢財一定可以補滿心裡的黑洞嗎？

不要讓你的恐懼成為生涯選擇的動力，讓內心的聲音引導你的生涯選擇。

祝福所有女人，更勇敢！更幸福！

斯斯有兩種，女人也有兩種

讀「菜砧板上的女人」有感

女人有兩種，一種永遠蹲在菜砧板上，時則抱怨，時則哭泣，但是又告訴自己，我這一生也只能在這塊菜砧板上過一輩子了，當女人就是這麼命苦，一定是我上輩子捐的鈔票不夠多，做善事不夠誠心，所以這輩子才會欠這家人這麼多債，只好多唸點經、燒點香，沒事多幫喪家助念，才會消我的業障……

蹲在砧板上的女人約略又可分為兩種，一種是有口無語、凡事忍耐，盡心付出、愁苦藏心頭，溫柔婉約、刻苦耐勞又自足惜福，丈夫有外遇的時候，還要在電視裡頭，流著眼淚全力支持他；另一種就不那麼討人喜歡了，她的不快樂與不滿足，任誰都可以一眼看出。

這兩種女人還有兩個共同點，一是，他們都不太敢抱怨自己的苦，這不符賢妻良母的婦德，明明在婚姻裡就是苦得要命，白天也苦，晚上老公也沒讓她很爽過，也只敢說：「這是我的感慨而已啦！」

其次，他們都不會自己離開那張砧板，即使被強力驅離，她還是死都不願離開，如果是被硬掃出去，還會昭告天下說：「我現在沒砧板可以蹲，趕快送我去新的砧板上吧！」

現在很流行說女性的「覺醒」或是「自覺」，怎樣才叫做有「自覺」？一群女人在所謂的成長團體，或是一個女人自問自嘆，用中產階級的文雅字句，或是引經據典用婦女解放的語言來罵老公、婆家的人，或是在唱卡拉OK、喝下午茶中，悲嘆自己無奈的命運，感嘆自己一生無法重來，這跟所謂的自覺是八竿子打不著邊。

這跟古早的女人唯一不一樣的地方，在於古早的女人以為這種苦是天生自然的，就如同每個人都只吃過香蕉皮，誰都不知道她其實是可以吃香甜的香蕉肉，也無法想像香蕉肉的美味，更不可能知道香蕉皮之難吃；現在的女人，看過有其他女人吃著香蕉肉，也聞到香蕉肉的香味，才開始知道自己的苦，所以就更苦了！

如果一個女人是真的產生自覺，會有一種能力出現，不管在婚姻中或是婚姻外，她不再受困於所謂的苦的情緒，不再有無盡的無奈感慨，自覺可以幫助一個女人，不再甘願蹲在砧板上任人宰割，自覺給女人智慧與行動力，在自己的意願與覺察之下，去爭取她應得尊重，拒絕不合理的對待，要求身邊的人承擔他們該承擔的人生，主動改變自己生命的脈絡。

自覺後產生了新智慧與新行動的女人，就是另一種女人，現在這種女人已經越來越多了！

在砧板上女人身邊的男人只有一種，就是拿著菜刀切女人的那種男人，或者，他連菜刀都不需要自己拿，女人自己會在他的口令下，自動自發地溫柔賢淑地切自己，連痛的時候都像小貓般的微笑，女人以為這就叫做「LOVE」。

四月女巫動手寫這篇回應，並不是在否定砧板上女人的嗟嘆！而是在二十一世紀的台灣，聽到看到年輕的五年級、六年級女性，仍舊發出如同早年年八十年代婦運前輩引導出的指控與抱怨，我的心，很痛！

女人哪！過去的日子無法重來，但是未來的日子卻尚未來到，你的未來不是過去替你決定的，也不是那個曾經說過愛你的男人來決定的，更不是那個數十年都只當你是外人的夫家來決定的。

當你發現自己在菜砧板上任人宰割，卻未曾為自己採取任何自救的行動，只會讓你更苦，憂鬱以及各式各樣的身心症就是循著這些管道找上台灣千千萬萬的女人。

自救卻如此令女人恐懼，她們以為自救就是得放棄婚姻，做個被唾棄為不負責任的女人；自救的開始可能會引來外在衝突，事實上，這些衝突不過是你內心衝突的外化，如果你深深恐懼衝突會破壞關係，你心中對這個菜砧板邊男人日積月累的不滿情緒，不也早就破壞了你們的親密關係？

衝突有時是一種喚醒，如果不喚醒男人，他也不知道自己正拿著菜刀在剁自己心愛的女人！

其實，男人也有兩種，一種是站在菜砧板邊上，另一種是跟著心愛的女人一起離開菜砧板，從此過著幸福快樂日子的男人。

你可以自由選擇做哪一種女人與男人？

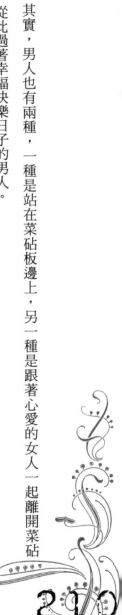

跟著丈夫跑

在傳統思維中，不管女人嫁的是雞、鴨、牛、馬，還是人，都得跟著丈夫的屁股後面跑，如果丈夫到其他地方工作，女人因為某些因素沒有跟著去，就會有很多親戚朋友開始說話，「哎呀！一個大男人在外面打拼，沒有『女人』在身邊，生活怎麼過的去呢？多麼可憐啊！這個老婆是怎麼當的啊？」

假若是太太不得以必須獨自到外地居住一段時間，多事的善心人士，又會說：「可憐喲！這家的男人與孩子沒有人照顧，這個女人是怎麼當的？怎麼可以拋夫棄子不顧家庭呢？」

在從夫居的文化架構中，過去的女人對於居所是無從選擇的，雖然現在的女人可以與丈夫一起選擇新居要買在哪裡或租在何處，然而，「跟著丈夫跑」依舊是婚姻裡面一條運作中的規範。特別是這些年大量台商外移的風潮中，很多女性面對生命中最大的抉擇——「要不要跟先生著去中國大陸？」、「要不要放棄多年工作去中國照顧（看緊）先生呢？」、「若是不去，先生會不會包二奶？」

這一波移居中國的風潮，與其他移民到美、加、紐、澳、南非等國的移民是不同的。我於一九九二年曾在南非居住過一段時間，觀察當地台灣移民，如果夫妻一起定居，到新居所之後，大多是夫妻攜手創業、建立家園，兩性通常都是合力承擔家務與經濟勞務，性別分工因此逐漸消失。

前者卻不同，不管是住宿舍或是自己租屋、購屋，台灣人家庭通常雇有廉價的大陸阿姨（中國稱女傭為阿姨，馬來西亞叫做嘎嘎），女傭的存在強化了傳統的性別分工，讓男人更不用參與家事與帶孩子。

此外，大部分移居中國的台灣太太都沒有工作（除非是夫妻自家的公司），因此失去經濟獨立的處境，人際關係被化約在先生的同事圈子與菜市場、做臉、消費等處所。雖說中國的兩性關係似乎比台灣平等一些，但是這樣的平等情境並未曾滲透台灣夫妻之中，台灣先生只會拿大陸女子投男性所好的手腕與自家糟糠比較，並不會拿自己與中國男人養孩子、洗老婆內褲的功夫跟自己比較。

移居中國，看緊老公，顧全家庭

一九九七年底我帶著五個月身孕，自己搭機到中國廣州與前夫會合，說是會合，其實他沒來接機，因為太忙，人尚在山西。之後我在廣州醫院生子、坐月子，前後共居住了兩年。

台灣人在中國，大多不會去住在本地人居住的區域，我們都住在較高級的花園住宅中，所以有機會可以認識其他的台灣家庭，在此想分享我所觀察道的台灣太太生活樣態。

這些台灣太太有些以前有工作，有些沒有，沒有工作的似乎比較可以適應當地生活，甚至更是如魚得水，因為消費活動（洗頭、做臉、跳韻律舞、喝下午茶、按摩、SPA等等）更加便宜，所以她們可以擁有更高檔、更多樣化的享受。

大多數的先生必須經常出差，寂寞的太太就拼命在家享受，因為有阿姨在家，從不必擔心被家務與孩子綁住，這是台灣難有的優質太太生活；過去是職業婦女的太太，就可能比較不開心，剛開始覺得終於可以休息了，不必天天朝九晚五像陀螺一樣轉個不停。一段時間之後，就開始厭煩於三姑六婆的生活，同時失去自主的經濟能力，也產生不安全與失落感，想找工作卻很難，以前若是活躍於社團，好知性不好吃喝玩樂的女性，也不能滿足於這樣的生活，有些人就會想去念當地的大學，但是那也是不容易的事（地緣、時間、智力與體力的考量）。

即使不滿意也是沒辦法，女人本來就應該跟著丈夫跑，更何況丈夫是來中國，不跟著來怎麼可以呢？

這就是重點了，每個先生去中國打拼的女人，最害怕的人呢！就是中國女人。但是去了就可以安心嗎？答案是否定的。

如果男人是定點工作，太太甚至就住在廠房中，他要搞女朋友，太太也是沒有辦法阻擋，鬧也是沒用，萬一先生搞上的是公司重要女幹部，到底是誰比較重要呢？先生會說，「公司沒有『她』就沒有現在的局面，你吃的喝的都靠『她』，有麼資格叫『她』離開？」

一旦女性失去經濟自主，就沒有退路，除非自己積蓄豐厚，娘家靠山堅實，否則一想到沒錢養孩子，無能養自己，就只有含淚認命。

如果先生的工作必須繞著中國跑，他在每一個城市都交個女友，甚至討個老婆，你也很難去抓，在中國的我們，究竟是個外地人，中國這麼大，耳目再眾多也是不及，何況我們只是一個居家女人。

對一個女人來說，最悲哀的就是，先生的心已經不在家裡，也不在結髮妻子身上，女人又失去養自己與孩子的機會與能力，此時，女人想回台灣，所必須面對的問題更複雜於離婚。除了一般離婚要面對的財務、情感、監護權問題，還必須面對回台後重新適應台灣的生活，幫助孩子學業的適應，重新建立台灣的人際網絡，甚至必須重新安頓家屋；有些男人已經在中國投資大量金錢，早已變賣家產，甚至舉債……。當女性隨丈夫移居中國，遭遇到婚姻問題時，身心的煎熬與必須面對的問題更加複雜難解。

但是我也聽到朋友很滿足於移居中國的現狀，她告訴我，來這裡終於有自己的家，以前跟公婆住了十年，從來沒有自己是家裡女主人的感覺，現在覺得很幸福，來此與丈夫廝守非常值得。

他的先生天天在家吃三餐，從不出差，這對台商家庭來說是特例，但是從她的故事中可以知道，結婚未超過十年的媳婦，在多代同堂家庭中很難有「這個家是屬於我」的感受，為了太太搬出原生家庭是不可能平平靜靜被接受，但是要到中國工作而離家，卻是無人敢反對；想要有自己的家庭，所付出的代價就是離開娘家的親人，多年朋友與工作夥伴，沒有自己的收入，放棄豐厚的退休金等等；倘若丈夫在中國依舊忠心於婚姻，這一切都是值得的，但是誰知道這樣的幸運可以維持多久呢？

在中國的台灣太太心中都有很強烈的憂患意識與敏感度，要打探到消息卻是很難，因為男人之間會形成網絡，相互包庇說謊，女人在當地認識的人很有限，平時進出的地方也受限於居家附近。

一九九七年我暫停即將完成的（幾乎要放棄）碩士學位，以及當初正如火如荼進行的讀書會運動（當時極需讀書會領導人），為的也是想要擁有自己的家，選擇在中國生孩子，大家都說我勇敢，其實敢回台灣生產，才是勇敢，回台必須約五個月獨自住婆家，接受那個緜延不絕等著傷害我的力量，所以我寧願冒這個險在中國生產（原以為找到一個好醫生，但是生產還是出意外，之後孩子就醫過程差點被弄死）。

去到廣州，並沒有得到我期待的婚姻生活，大部分時間都是我獨自在家，前夫從一個月回家半個月，然後變成不到一星期，冠冕堂皇的說辭就是「忙」，為了家庭而忙碌著，我們隻身在中國的女人怎麼會知道，他是為了養幾個家庭在忙碌呢？

一個人在異地，帶著一個小小多病的嬰兒，發現婚姻中最不堪的現實逐漸洩漏出來，心是多麼的絕望啊！當時我常聽蘇芮的歌「花若離枝」，聽著聽著卻掉不出一滴眼淚。台灣的好友說：「瀞文，你回來吧！我聽見你在枯萎。」

當時的我是非常缺乏自信，那麼的害怕，怕失去婚姻，怕變成單親，怕自己不能承擔離婚的事實。不敢想像我有能力作一個單親媽媽，因為沒有工作，沒有積蓄，學位尚未完成。可是困境總是得去突破，蹲在那裡等，只是在蹉跎生命，當時唯一清楚就是這個男人似乎不堪讓我信任依靠了，所以學位一定要拿到，那是唯一的重生契機。所以就以回台寫論文為由，帶著孩子回台灣，結束在中國的漂浮。

嫁去做番婆，移居砂嶗越

二〇〇三年九月，我帶著數不盡的祝福，與孩子、夫婿移居馬來西亞。有些人為我可惜，說我在台灣的事業剛要走上坡，怎麼就走了呢？有些人想：「四月女巫說自己是女性主義者，其實還是很傳統嘛！依舊是跟古老女人一樣跟著先生跑！」非也！非也！

先生在國外工作將近十年，最初他是想要跟我留在台灣，我考量他的個性與專業在台無法有好的發展，他勢必不會快樂，他如果不能在工作上擁有精神滿足與實質成就，我們的婚姻一定會受到影響，如果他不能快樂，我未來在台灣擁有再大的名聲與成就，也是有遺憾，我珍惜他，不希望他不快樂，於是就跟他先回馬來西亞，了解我在此地發展專業生涯的可能性，以及生活環境，同時砂嶗越的某公司一聽說他可能回鄉，馬上提出聘請，我們評估與討論過之後，就做了定居古晉的決定。

因此這次的移居是兩個人透過討論，評估對雙方各種近期與長程的利害得失之後，所形成的決定，並非以「跟著丈夫跑」這個原則來做決定。

對於各自的生涯發展，我們的共識是互相扶持，幫助對方有最滿意的成長，一年中有數個月，我將回台灣服務我所關切的台灣女性，孩子他會妥善照顧，我常必須離家到大馬各地演講上課，他會將家庭照顧好，讓我無後顧之憂。

因前一次婚姻的覺察，夫妻就像是婚姻馬車中的那對拉車的馬匹，我堅信婚姻中雙方的生涯發展如果不能雙頭顧全，愛情是不會持久的，兩個人必須都能在婚姻中得到生涯成就與隨之而來的滿足、自信與快樂，愛情才能在婚姻中持續，關係才能甜蜜一如初始。

但是讓人遺憾的，根據這些年的經驗與觀察，傳統家庭養出的男性是不會替女人考慮這些，他們認定女性的生涯，首要的就是丈夫與孩子，以自己的生涯發展為優先的女性是不守婦道的自私女人，但是以自己生涯發展為優先的男性卻是被稱許的所謂的負責任的男人。

在全球化或是說轉戰中國的潮流之下，愛家、愛丈夫的女人，是否必須要隨時準備放棄自己熱愛的工作、朋友、家人，跟著丈夫跑呢？為了跟著丈夫，而放棄生命中其他的部分，幸福真的會跟著來嗎？

誰在乎姓什麼？

姓什麼似乎是很重要的事情，但是，到底誰最在乎姓什麼？

女人大多是不能決定自己要姓什麼？也不能決定給自己的孩子姓什麼？所以，女人真的在乎姓什麼嗎？

婚前從父姓，婚後從夫姓，似乎是天經地義不過了，雖然現在不需要強制從夫姓，江小姐在變成小王的太太之後，還是自動成了王太太，早晚祭拜王家祖先的責任自動落在她頭上；令人疑惑的是，為什麼江小姐的小王先生，不必因為成了江小姐的先生，就多了一個江先生的頭銜呢？為什麼他不需要早晚去謝謝江家祖先賜給他這一個美眷呢？

如果江小姐是個正常女人（何謂正常呢？女巫我也不知道，因為我從未正常過），一定不會希望她的小王男友在婚後自稱為江先生（除非她是令男人聞之喪膽的激進女性主義者，像是女巫一類的女人），但是小王先生卻自動希望她的江女友，在婚後自動自稱「我是王太太！」他聽了之後，心中非常欣慰，昇起一種「有」太太真好的感覺！

姓氏到底有什麼社會性功能？它其實就標記著一種擁有與隸屬的功能。在高度發展的社會（本來想說父權社會，後來想想父權社會通常也有著高度發展，女人應該謝謝父權的領導），姓氏象徵一種「擁有」與「被擁有」的標記，這個孩子是屬於某個父親的，那個女人是屬於某個男人的！

女人當然也決定不了他的孩子姓什麼？她如果嫁過三個老公，那麼為了註明孩子的出處，孩子的姓當然都是跟著精子的主人姓囉！假若精子的主人不詳，或是隱匿不敢出面，女人只好哀怨又羞愧地讓孩子跟著媽媽姓。女人只有找不到男人來做標籤的時候，不得已之下才讓孩子貼上自己的標籤。

如果一個女人的多個孩子有不同的爸爸，就得姓不同的姓，讓人家探聽到也是很羞愧的，因此也讓女人不敢帶著孩子換老公！所以，從父姓氏的文化也應該有匡正社會風氣的效果，讓女人不管男人的優劣都能夠安分地從一而終。

這就是不知道誰開始的規定——人生下來就一定得姓爸爸的姓——的正面的意義！

當女人很計較他的孩子是不是可以姓她的姓的時候，通常也是她的爸爸下達的旨意，為了她的爸爸的神主牌位永遠有子孫願意奉養。

姓氏，通常被視為是一家人的象徵，有一次我就在公車站聽到一個媽媽很生氣在罵女兒，仔細一聽，罵的竟是：「你們姓陳的一家都沒良心……」這女兒竟然因為跟媽不同姓，被順便安了個罪名，或者因為犯了點錯，被媽媽牽拖到其他姓陳的恩怨當中。這也顯示了女人即使從夫姓，被歸屬於另一家族，還是會有種隔閡感，這種隔閡感是來自父權姓氏文化強迫了人的歸屬與位置，但是被安置在某種歸屬的人（特別是女人）並不一定滿意或是安於此命定。

當夫妻協議離婚時，有些男人與男方親族最在意的事情之一就是他們姓氏的種（特別是男種）去叫別人的男人爸爸，改姓別人的姓，或是變成姓媽媽的姓，這樣的結果會使家族蒙羞，所以使盡全力爭取監護權，他們在意的通常都是對孩子的所有「權」，而不是真正愛這個孩子。

人們常常就為了名字上頭的那個字，感到光榮，或是蒙羞，也為了姓什麼費盡思量。說穿了，父姓只不過是父權系統下面的一個小小的環節，父權害怕女性逐漸掌握家族與社會中的權力，所以在姓氏的這一環依舊死命掌控，即使二〇〇三年六月二十五日總統公布施行的姓名條例修正條文，終於明訂未成年子女的姓氏與行使親權之父或母姓不同者，可以改成行使親權者之姓，卻須雙方父母出具約定書才可辦理。

這條文最有趣的是，孩子本來就是只能跟父姓，所以如果父親行使監護權，根本不須改姓，如果母親取得監護權，在此法條之下，就可以更改孩子的姓氏，使之從母之姓；當這樣的更改，又同時需要檢具父親的同意之時，父權的強大掌控依舊牢牢落實在此法條之中，明明說好要放手，卻又偷偷抓著一條尾巴不放。

話又說回頭女人為什麼要幫孩子改姓呢？女人真的這麼在乎孩子是不是姓她的姓嗎？想改孩子的姓，通常都是不得已，為了讓孩子的社交生活、行使國民權利，或辦理其他事項更方便而已。

當夫妻已經離婚，當這個男人已經在新的婚姻中生育其他子女，他未來的神位已經有人願意侍奉，男人為什麼還不願意讓前妻的姓氏可以被自己的孩子傳承呢？你知道為什麼嗎？

我真的不知道，男人到底在姓氏之上爭什麼？

錯亂的時代，錯亂的人

又聽說游月霞立委口出不堪之辭，接著看到媒體與各家人物罵聲不斷。這是怎麼錯亂的時代，怎麼大家都跟著錯亂的人起乩，卻沒有先想想自己要不要跟那些我們討厭的人一樣的行徑？跟一個代表台灣低級文化的政客起舞，以她的邏輯去費口舌，就像是在乩童身邊拼命拜拜一樣！

我們也可以用游月霞的邏輯，更加狠毒的給她罵回去，認不認識男人、有沒有結婚，跟三通有什麼關係呢？你某某人給很多男人通過，就可以安然搞定三通嗎？更多難聽的話可以罵得阿霞女士啞口無言，但是這樣對台灣整個文化品質有幫助嗎？對問政的品質有幫助嗎？

支持阿霞的言論背後的文化意含，其實與台灣男人到其他國家去娶（或者說有些人去騙）人家的女兒，其中的意識型態是如出一轍。

這件事情應該要引起我們注意的不是老處女代表什麼社會與文化意義，這些字眼侮辱了女性什麼，讓台灣女人蒙受了什麼污名，我相信任何心理健康、有自我定見的女性，很難因為一個常常起乩的女政客而受傷，我們頂多就是搖頭嘆息而已，怎麼會去跟這樣的女性一般見識呢？

但是我想問的是，如果我們認為這個事件中有什麼錯誤，需要藉著輿論的力量去釐清，我們需要釐清的是什麼？

是她對問政、閣員，甚至是所有女性的基本尊重？還是台灣立法院諸公的人種品質？或是阿霞該不該道歉？或許我們也可以來猜猜看阿霞的內心世界喔！往後可以藉此類推，用不同的眼光來看這些人的賣力演出。

前兩者，短期間要看到有什麼「提昇」，我是悲觀的，第三項，我們已經看到結果了！她不道歉是可以預期的，我們就借用《偷吃的貓》（星雲大師著，香海文化出版）這個故事來進入阿霞的內心世界……

話說有一隻貓咪，在半夜的時候，溜到鄰居家裡，去偷吃人家吃剩下的飯菜。一邊偷吃，一邊回頭看。好怕被發現啊！因為這是貓咪第一次偷吃，回到家裡，越想就越難過，於是啊，牠就對媽媽的遺像說：「喵——，媽媽，您從小教我，要做一隻清清白白的貓。可是，我居然做了這種事，真是不應該！嗚——喵——。」（想當初阿霞「第一次」時，大概也是如此，至於是第一次做啥事，各位自己去想像吧！）說著說著，就難過地哭了起來。牠告訴自己，以後再也不可以再當小偷了！

可是，過了沒多久，貓咪又去偷吃了，這是牠第二偷吃。牠一邊緊張兮兮的東看看、西看看，一邊偷吃著桌上的菜，吃完以後，還用貓爪輕輕擦著臉上的飯粒，然後，自言自語的說：「喵——，反正剩下那麼多菜，他們也吃不完，我不過只是『幫幫忙』而已！喵——。」（反正台灣政治圈裡，錯亂的腦袋跟嘴巴又不只我一個，我只是幫忙給它口味重一點而已……）

第三次，貓咪又跑去偷吃。這一次啊，牠理直氣壯的告訴自己：「喵喵！誰叫他們不把菜收好，我是聞到香噴噴的味道才來跑過來的啊。喵——，呵呵，這不是我的錯喔！」（誰叫大家比賽演爛戲說爛話，我是因為某某男人也罵過，我才罵的……）說著說著牠擦擦嘴，翹著尾巴，吹著口哨走掉了。

當然，貓咪又跑去偷吃了，這是牠第四次偷吃。貓咪這次一邊吃，還一邊對食物們演講呢！牠說：「喵——，在我們貓的社會裡，有些貓咪很有錢，有些貓咪卻是窮光蛋，這實在是太不公平啦！喵——！我們要把所有的東西，重新分配一次！讓每一隻喵咪，都過著一樣的日子。喵喵喵——，當然呢，做這種事，就需要一位執行正義的人，我——喵——就是這個正義使者，哇哈哈哈，喵——。」（我阿霞這樣罵某女士，完全是為了台灣的利益著想，我是個盡職的好立委，你們都不知道嗎？真是枉費我的苦心啊！）這隻貓，咬了一口肉，覺得哇！怎麼會那麼好吃啊？

第五次、第六次、第七次……，喔喔！現在牠大搖大擺走到隔壁鄰居家裡，跳上桌子，大口大口的享受這些菜。牠就好像是到餐廳去吃飯一樣，完全已經忘了自己是偷吃。（既然忘了自己正在偷吃，怎麼可能會認錯呢？）

有一天，剛好有巡邏的警察經過，貓咪被逮個正著。警察二話不說，把貓咪押上警車，鄰居都跑出來看，哇——，有貓咪偷吃東西！這時候，貓咪對著那些看熱鬧的人們說：「哼——，我才不是小偷呢！我，是高貴的正義使者！因為這世界實在是太不公平了！喵——。」（忘了告訴你，我阿霞罵她，是恭維她有貞操耶，改天我還會發起為她立個貞節牌坊勒！）

游立委會道歉嗎？**No**、**No**、很難的！我們應該要看到的是，游月霞所代表的台灣文化的低劣特質——「沒有慚愧心」。如果阿霞是沒有所謂的慚愧心，我們是不是應該先對著阿霞立委展現深深的同情，真心地贈送一點她腦袋中所沒有的尊重與同理心，以及基本「做人的水準」給她好生受用。

可是學過心理學的都知道，慚愧心在幼年時期就已經開始發芽，根植在一個人的認知體系中，阿霞是在月球長大的嗎？不是吧？那我們就假設她應該還是有慚愧心，畢竟台灣每一個小學都有貼禮義廉恥，是吧！

我們來想像，阿霞應該是羞愧的，只是用更恬不知恥的言行，來覆蓋心中因闖禍而產生的巨大羞愧感，現在的阿霞就像是一個故意打破名貴器皿的自大孩兒（這個名貴器皿不是蔡英文的人格，而是她自己的名譽），因為怕被打得滿地找牙，所以就編出更自以為是的理由來遮掩（你家的孩子不都做過類似的事情嗎？）或者對她而言，承認錯誤，就像被Playboy剝光衣服一樣，因為身材還沒練好，所以羞於裸體見到猛男。

走筆自此，我自忖如果被罵的人是我，我的反應是如何？剛開始可能會有點錯愕，但是再想想我會深深同情她。阿霞，你真是辛苦啊！

生在這個錯亂的時代，你要做清醒的人，或是跟著跳起錯亂的舞步呢？作為一個台灣人與媒體閱聽人，我們要該做些什麼、說些什麼，才能有個不讓我們羞愧的社會！

Woman's Emotional Game

情緒遊戲

part 2

Listen to These Stories......

春枝姨小劇場

枯守空巢徒怨嘆

一早起來，翠鳳冷不防被鏡中的自己嚇一跳，她看到一個面泛潮紅、眼帶兇光、嘴掛怒氣，眉頭更是一股十足的霸氣，白髮比黑髮多的老女人。

「這是我嗎？我怎麼變成這樣？」她在心裡問自己，卻問得不認真，轉身又照例去做那些已經做了二、三十年的工作，只是現在不需要那麼有效率，因為家中平時只剩下她與先生兩人。

早上十點多，拿了菜籃如遊魂一樣，往菜市場走，其實是不需要買什麼，但是不去買些什麼，又要做些什麼呢？一閒空，就忍不住要打電話給兒子、女兒，兒子已經嚴重抗議媽媽的奪命連環call。

往菜市場的路上又不禁思念著孩子，想起二十年前，她挺著大肚子，背後揹著女兒，一手牽著大兒子，一手提著菜籃，三加一，一起上市場的畫面，現在只剩下自己孤零零一個人！甜蜜的回憶卻變成憤怒又哀怨的情緒，一遇到熟人就忍不住發洩起來了！

「這陣飼仔沒效！大漢就攏沒記得老母，飼狗也會搖尾巴，飼仔連一個影都沒有……」說著說著眼眶就紅了！

賣菜的春枝知道她最近這毛病越來越厲害，「阿鳳，我跟你的看法不同，像我賣菜一世人，賣到現在，孩子都不在家，大部分賺的都用來養自己，我這世人就是現在賣菜賣得最歡喜，我是為了我自己在吃頭路哩！這世人最輕鬆也是這陣，沒人說，媽媽，我腹肚枵！媽媽，我要交學費！媽媽，我的零用錢不夠用了……」

翠鳳插嘴，賭氣說：「那是你不正常啦！」

「我剛開始也是跟你一樣，每天失魂落魄，又遇到更年期症狀，艱苦的要死喔！有一天，我突然發現，我以前不是常常想，小孩子若是都長大了，我就輕鬆了，熬一熬二十年就過去了，這陣，我不就是當初盼望的時陣？這樣一想就開始轉念，就是師父說的轉念啦！以前聽有懂又好像沒有懂，那時才真的懂得轉念啦！」

翠鳳好像開始對春枝的話產生興趣，眼神認真起來了！「你是怎麼轉？甘那麼簡單？」

「那也是不簡單啦！剛開始也是會難過、會怨嘆，不高興的時陣，我就想，我怨嘆孩子，孩子看到我臉臭臭，也不愛回家看我，這是我要的嗎？」翠鳳這時候頭低低，不知道在想什麼。

「我以前不是在羨慕人家不用帶小孩不用做工的少奶奶，可以走東往西，沒有負擔！我現在就可以做老一點的少奶奶，不用伺候小孩，我自己賺錢自己花，多好啊！終於可以為自己而活，多好啊！」

翠鳳問：「你媳婦不是要生了，不給兒子帶孫嗎？我都在算日子等著帶孫……」

「帶孫喔，偶而幫忙可以，孩子要自己學作父母，你不能連這個都要搶去做，不好啦！你那些孩子是真的不理你嗎？」

「其實也沒有啦！幾乎每個禮拜都有回家，可是他們都說回家的壓力好大，女兒說媽媽都跟以前不一樣，變得很怪……」

「我看她是怕你生氣，不敢說，你是越來越歹鬥陣！」春枝笑著說。

「你說要轉念，你也教教我怎麼轉法？」翠鳳有點不好意思地說。

春枝比起了小生的手勢，唱了起來：「枯守空巢，徒怨嘆？晚春近身，你不知！展翅又飛，就趁這陣啊！」春枝拉起翠鳳的手，轉個身作出一個漂亮的身段，「我帶你去學習怎麼飛吧！」原來春枝收攤之後，勤練歌仔戲，現在已經可以在社區登台囉！

我的兒子不成材

美華是春枝在社大交的朋友，兩人同年，可是第一次看到美華，以為她是七十幾歲的老大姐，相識之後，春枝心裡想：「好險，沒有亂叫大姐，不然就失禮了！」

今天遇見美華時，她看起來就像個剛剛被欺負的小孩，皺眉撇嘴，弓著身體，渾身虛弱的樣子，春枝趕緊問：「是不是身體不爽快？」

這一問，美華雙手緊握拳頭，兩行淚滾了下來。「我好害怕我兒子打我！我那個沒有用的兒子……」一把鼻涕、一把眼淚數落著兒子的不是，與種種不成材的事蹟。

「你兒子幾歲？有頭路嗎？」美華問，「有頭路，已經二十三歲！」美華淚眼回答。

「我看他跟你住也不是很歡喜，既然兩個人住在一起這麼痛苦，不如叫他搬出去學獨立！」聽到叫兒子搬出去的建議，美華突然瞪大眼睛看著春枝，好像春枝提議她將兒子送去月球，「我驚他出去會餓死在街上！不可以讓他出去住！」

春枝笑著說：「你甘聽過台灣這嘛還有人餓死在街上？」

「是沒有啦！」美華眼神閃爍，似乎想逃避春枝的問題。

「聽起來你是很希望兒子很有成就，」美華輕輕點點頭，「可是你心裡是不是常常在想，他很難會有成就？」，美華想了一下說：「好像是這樣！」

「嘴巴不是嫌他這個，就是罵他那個！」

「我罵是為他好！」美華辯解著。

「他有沒有比較好？更重要的是，你有卡好？」春枝嚴肅地問美華，「你自己生的兒子，你就真的看他這麼衰嗎？」

「我老實告訴你，其實我常想，像我這麼沒有路用的查某人，怎麼會生出有前途的孩子？是我自己沒自信啦！這個我承認，最近開始上心理成長班才知道的……」

美華語重心長地說：「現在的孩子要奮鬥出一片天，比我們以前更辛苦，每天早上他要出門上班都是有壓力，做父母要是心理與嘴巴都在唱衰孩子，他出去奮鬥的勇氣一定不夠，心肝內會有驚惶，但是他又不能逃避外面的壓力，就會焦慮，焦慮的人容易生氣，所以你一早就唸東唸西，他生氣罵你，是為了不讓自己被你罵到垮掉，舉起手威脅要你閉嘴，其實他不是真的要打媽媽！是你講到太過頭了！我說的對嗎？」美華默默聽，不再說什麼！「你的老伴呢？」

美華面無表情，「幾十年前就跟別的女人鬥陣啦，沒甲我住在一起……」

「你這些年也是很辛苦！」春枝撫著美華的背，安慰著她。「這個我已經看開，沒老公可自由了！有給我錢就好了！」美華提高聲量地說。

「你是希望兒子怎麼成材？你對他有什麼期望？」春枝問。

「我也不知道，他一個月只賺二萬出，自己都不夠用，下班就關在房間玩電腦，不跟我講話……」美華又開始抱怨。

「才二十三歲，有工作，沒欠債，已經很不錯了，對孩子的期望要實際一點，不可以漫無邊際亂說，孩子也是需要鼓勵，你都不說好聽的，他怎麼會喜歡跟你說話……」

「現在想想，他也不是很沒用啦！我好像也沒稱讚過他什麼！」美華看起來有點慚愧！

「我的孩子若是垂頭喪氣回家，我就會去問，發生什麼事啦？說給媽媽聽，好不好？如果他不想說，我也不再問；說了，我若是不懂，就靜靜聽完，告訴他，媽媽相信我的孩子一定可以解決問題，若是我懂一點，就說一些我的意見，點出他們的盲點，盡量不批評他們，還會說一些自己的經驗，或是他們以前成功解決問題的例子，給他們信心！孩子不管多大，都需要父母的鼓勵，即使我們偷偷也擔心他們做不到，都還是要告訴他們，我相信你！」

「春枝啊，你怎麼懂這麼多，以前都沒有人告訴我這些，真是多謝你！」

春枝又擺起歌仔戲身段，又說又唱起來：「好姐妹，勦說多謝，春枝美華牽手鬥陣行，來上課囉！」

中年失戀症候群

一大早，春枝剛把攤子擺好，香妹就來到攤前，眼眶浮腫又黑輪，無精打采一臉倦容。

「香妹啊，你昨晚去夜店狂歡？還是失戀？怎麼好像一夜沒睡的樣子！沒看過你這麼早就來買菜……」春枝打趣地說。

「黑白講！春枝姐，我已經失眠三個月，越來越嚴重！自從大兒子出國去唸書……」香妹無奈地說。

「那不是你處心積慮安排的嗎？」

「是啊！我計畫要跟去，但是婆婆生病，老公又反對兩個小的去做小留學生，我就不能去啦！」

「小情人遠走高飛，你就失眠啦！得了中年失戀症候群！」春枝繼續開玩笑，「春枝姐，你不要再笑我啦！以前我真的常常說大兒子是我的小情人，唉……最近，我老公都說風涼話，說兒子沒媽不會死，媽無兒子反倒活不下去，他說這也是台灣奇蹟！」

春枝一聽，一邊點頭一邊笑到彎腰，「是啊！是啊！大情人在吃醋。」

「是喔？我老公總是吃大兒子的醋，從小對他特別兇，都說我對兒子太照顧了，可是那幾年他一個月才回來幾天，是我們兩相依為命耶，哼！我都幾乎要跟他離婚了，要不是又懷老二……」香妹越說越生氣，春枝接著說：「所以，你就把對老公的愛戀與依靠，轉移到兒子身上，兒子就代替老公變成生命的重心，我說的對嗎？」

香妹一臉困惑地問：「真有這種事嗎？那我不是不正常？愛上兒子，很恐怖欸！你不要亂講啦！」

春枝快快解釋：「不是說你真的愛上兒子啦！而是說你跟家人的感情分配不平均，分給老大的比較多！太在乎這個孩子了，所以愛他很多，相對要求他回報的也比其他孩子還要多，那種容易抱怨兒子有老婆忘了娘的，對媳婦充滿忌妒的，都是你這種媽媽啦！」

「你越說越恐怖，我怎麼會是那種人？不就跟我家那個一樣嗎？」香妹省略了那個，大家心照不宣。「兒子越來越少打電話回來，跟我說話也越來越簡短，**e-mail**也久久才回我一封，我真的很埋怨，有被拋棄、背叛的感覺……，現在想起來，真是像是失戀的感覺欸！吃不下、睡不著，精神不能集中，常常很想哭，常常覺得兒子不要媽媽了，好像被拋棄了……」香妹說著說著眼眶又紅起來了。

「你希望兒子永遠黏在你身邊嗎？有時候，越有出息的孩子離家越遠！」春枝插話，「我不要他有出息……」

春枝笑著說：「我還記得你說大兒子長大一定最有出息，要做大事的……不想變成哀怨又顧人怨的老女人，就趁現在還不太老，快快覺悟吧！」

「我的一個親戚以前就跟你一樣，自己都不自覺，後來把兒子搞到離婚，兒子又再婚，堅持不跟媽媽住，不讓媽媽干涉他們夫妻與孩子的生活，她還是不覺悟，到處哭訴，勸也勸不動！」

「要怎麼覺悟？我就是想兒子啊！」香妹有點賭氣。

「你多久沒有愛你家那個老男人了？試著再次愛上他，再跟他談個戀愛，怎麼樣？」香妹眉毛一橫，揮著手說：「那很難！愛上他，很難啦！」，春枝接著說：「不然去交個男朋友，重新品嘗戀愛的感覺！」

「春枝姐，你真是的，我這把年紀，笑死人了！」香妹扭捏地說。

「你知道會笑死人就好，你不是也愛唱歌嗎？有空跟我去學歌仔戲！少去想兒子！」春枝又唱起來了：「遠山含笑，無人影，身邊牽手，你覅看，子孫自有子孫福，放手母子自由飛！」

煽火與熄火

沒去上社區大學的晚上，春枝大多會去公園跟老鄰居們跳跳元極舞，還沒走到公園，就看到一群熟悉的背影圍在一起唧唧喳喳，春枝悄悄靠過去，看到碧玲的女兒秋華也跟著媽媽來公園，只見秋華滿面憂愁，沉默坐著聽身邊的大媽們七嘴八舌。

春枝聽到碧玲揮著手，有點激動地說：「我跟她說住不慣就回來，這款老公不必為他犧牲這麼多啦……」幾個歐巴桑都靜靜聽，有一兩個卻義憤填膺似的幫腔：「對啦，人家都說女人要為自己而活，不必犧牲啦！」、「就是啦，像我，犧牲了一輩子青春，換到什麼？也沒人感激我！」

碧玲對著秋華說：「你有聽到嗎？這些阿姨都是過來人，你要給福辛一點教訓，他才會乖，再說你那個婆婆，欺負你夠夠……」秋華開始掉眼淚，碧玲繼續說：「你就是這麼軟弱，才會給人欺負……」

秋華一邊哭一邊說：「我不想離婚，也不想跟他分開，一家人分開兩地就不是一家人，孩子也會想爸爸……你這樣逼我，我不知道該怎麼辦啦！」人群中出現「好可憐……」的耳語，「你叫我離婚，我離婚以後，誰養我們？媽媽你要養我們嗎？」

「什麼我們！孩子不跟你姓，讓他們自己去養，你自己搬回來就好，我跟你爸哪裡有辦法養你，你自己要想辦法去賺錢！」碧玲煽風點火之後，卻很快就撇清責任，秋華很大聲地說：「對啦！你叫我要這麼做、那麼做，又說我必須自己負擔後果，嗚……」秋華生氣又無助，大哭起來，其他人都靜靜不敢說話。

躲在後面的春枝忍不住擠到前面，對秋華媽媽說：「碧玲啊！孩子在外面遇到問題，回家找你商量，你沒有幫忙化解就算了，我看你還努力煽火，讓火燒得更旺，讓女兒更加痛苦……唉！離婚，就可以解決她的痛苦嗎？就算真的走到離婚，也不是像你說的這樣賭氣離掉啊！」這時候人群中又有人說：「對啊，春枝說的對啊！」

「我是心疼她，不要她跟我以前一樣，吞忍一世人……，男人哪裡會疼惜女人……」碧玲眼眶也泛紅了！

春枝說：「唉！我知道你是疼她，但是各人有各人的命運，把孩子的命運想成就跟自己一樣，反而會害到孩子……，雖然說現在這個社會，離婚好像沒什麼了不起，畢竟對夫妻、孩子都有傷害，有的人離婚後會更好，有的人離婚後卻更不好！」

「我只是需要冷靜一下，與福辛的感情沒有到讓我想要離婚的地步，我是有很多抱怨，都怪我對媽媽抱怨太多，惹她擔心，其實我一點都不想離婚，只是想要有人幫我，讓我們的感情變好……，這種事情我也不想在公園讓大家都知道……很丟臉！」秋華低著頭輕聲地說。

春枝發揮愛說教的本事，接著說：「就是說嘛！孩子遇到問題，做父母的不冷靜，反而很激動地煽火，怎麼可以幫助孩子呢？父母要做一個熄火的人，幫助孩子冷靜下來，看到問題癥結，做人父母的畢竟是多吃這麼多年的米飯，這陣就要拿出人生智慧來引導孩子走出問題，才對嘛！」

碧玲嘆了一口氣，摟住女兒肩膀，「其實媽媽也是有想叫你忍耐，但是不知這樣說是對？還是不對？我在想，對現代女孩子說要忍耐要犧牲，是不是不合時代？是不是會委屈你？讓你像我以前一樣委屈……」

「婚姻不是一定輸，或一定贏，古早女人的犧牲是不得已的選擇，現代女人的犧牲是有智慧的，夫妻一世人總是有許多難關要一起度過，你說是不是？你要是不知道要怎麼幫助秋華，就讓她去找一個婚姻諮商專家談談，這才跟得上時代啦！」

嫁出去的與嫁不出的女兒

春枝到社區大學選修電影欣賞課程，這星期老師指定大家自己去電影院看《斷背山》，然後在課堂中討論。美珠與招智說幾十年沒去過電影院，不敢自己去，邀春枝一起去看。

走出漆黑戲院，春枝看到兩個朋友都是一臉愁苦，以為是被電影裡愛情的張力深深感動，「你們兩個被感動成這樣喔！」

「我是煩惱啦！」招智先招了，「我在看的時候，就想到我那個女兒，我把她生得實在很水，天天看她裝扮得美美出去上班，就是沒看過她交男朋友，都是一些女孩子跟她在一起，上次她生日，有些女孩子看起來還真像男生……，我懷疑她是女同性戀……唉！」招智說。

美珠接著說：「我也是煩惱，女兒最近說要離婚，因為懷疑女婿有外遇！我實在想不出來這個女婿怎麼會這樣，忠厚老實又斯文，還會做家事帶孩子，女兒說他現在都不碰她，自己睡在書房，對她很客氣，平時都天天回家，但是週休二日就不見人影，說是跟朋友去釣魚，真的有男的朋友開著休旅車來家裡接他出去，就跟電影裡的一樣啦！」

「古早哪有這種代誌……」招智又說，「對啊，這是什麼時代啦！唉，那麼多不正常的事情！」美珠也說。

「那是以前沒有這種電影給你看，也沒有人敢說，你才不知道！其實還是有，只是隱藏起來而已！我前幾天在台大附近，還看到兩個女孩子在馬路旁抱在一起親嘴呢！」春枝說。

「哎喲！僥倖喔，他們的父母看到一定當場腦充血！」招智一臉驚恐。

「你自己不要腦充血就好，我倒是覺得很新鮮，也滿欣賞的，真是勇敢！現在的女孩子真是比我們以前自由，能做太多我們以前不能做的選擇！」

「我是驚女兒離婚之後，身邊沒有男人要怎麼辦？」美珠一臉憂愁，「對呀，我也是擔心女兒一輩子跟他的女朋友在一起，沒結婚沒兒女，老了病了，怎麼辦啊？」

春枝故意用誇張的驚訝口氣對美珠說：「你是活在幾世紀啊？這年頭的女人身邊沒男人可能更能發揮潛力，你不知道嗎？不用伺候老公、公婆，有更多時間花在自己身上，還可以自由自在孝順父母，好處可多著！你女兒不是保險做的嚇嚇叫，根本不用男人養嘛！而且離開這個已經不愛他的男人，你怎麼知道她不會再遇到更好的對象？這時代，離婚並不是世界末日，好不好？」春枝拍著美珠的背，試著給她信心。

美珠說：「我女兒也是這樣說，她很平靜，說要給他自由，硬要綁在一起，大家都痛苦！可是我就是不能接受，叫我怎麼去跟親戚朋友說呢？」

「那就是你自己的問題，不是女兒的問題了！」春枝搖著頭說，轉頭看著招智。

「我知道你要說，女兒一輩子不結婚，就可以孝順我一輩子，說不定還多一個女兒孝順我，對不對？我可不會祈禱這種事情發生在我家！我家老公與婆婆已經開始在怪我，太過縱容女兒了！」招智說。

「你們關心女兒的婚姻，其實是關心他們的幸福，對不對？」

「當然！」美珠與招智異口同聲地說。

「但是，他們的幸福，你是用誰的標準去看？是用你們的，還是她們自己的？若是她不喜歡這件衣服，你硬要她穿，你覺得她穿很好看，看了很高興，她穿了卻很不開心，你們這就是為了讓自己高興而已，根本不在乎孩子是不是開心幸福！」

「說的卡難聽，你自己結婚幾十年，沒有怨嘆、遺憾嗎？美珠！上次上課才聽你說，若是重來，你不要結婚！喔，你忘記了嗎？」春枝說，美珠瞪了春枝一眼。

「其實我也是同意春枝說的，這年頭女人不一定要有婚姻，會賺錢、能獨立，有自信、有愛情，好好安排生活，也是不錯！不過同性的戀愛，我還需要時間去接受，畢竟我是成長在同性戀沒有公開的時代！」招智說。

「有句老話，兒孫自有兒孫福，你的幸福，不是她要的幸福，她的幸福，根本就不是你的幸福啊——」春枝又咬文嚼字地唱起來了。

兒子的姐弟戀

今天下雨，天氣又冷，做生意的攤販少了，來菜市場的人也稀稀落落，春枝準備早點收攤回家讀點書。

她最近發現年紀越大，越能理解書中的意境，以前總以為老了，記憶力衰退就沒辦法讀書，現在才知道讀書不是讀給它背起來的，是讀給自己懂，讀給自己心靈相契的，一邊閱讀還可以一邊整理自己的經驗，重新回想過去的日子，發生的事情不能再重寫，卻可以改變回顧時的心情，這樣的讀書才叫做真正長智慧。

春枝正專注地回想昨夜閱讀的一段讓她再三回味的話，沒發現秋玲已經來面前，喊了她好幾聲了！

「你是在懷念老情人？叫你幾聲都沒聽到，整個攤都給我搬走了啊！」秋玲消遣春枝，

「你嚇我一跳欸！沒看過你這麼骨力，這種天氣還出來買菜！」春枝也給她消遣回去。

「我不是來買菜，我是來找你！」

「你中樂透要分我嗎？好什麼好康？」春枝知道一定沒啥好康的！

「好康怎麼會來找好朋友，歹康的才會來報給你春枝知道啦！開玩笑的，我有很頭痛的事

情要找你商量！我家出大事了！」秋玲眉宇間透著一絲憂慮。

原來是秋玲的孩子當完兵在台北工作不到兩年，竟然說要結婚了，說是女孩子已經懷孕，這本來是好事一樁，沒想到一問下去，才知道女孩子比兒子大十歲，還有一個八歲的女兒，秋玲那個才六十多歲的婆婆堅決反對這個婚事，公公與先生也不敢出聲，都一鼻孔怪罪秋玲把兒子寵壞了。

秋玲接著說：「他談戀愛，怎麼都變成我的錯呢？我也是不很贊成，但是婚姻是他自己的，除了兩個當事人，其他人都算是外人，你說對不對？我們古早是長輩理所當然干涉我們的事情，但是，現在是什麼時代了？」

「你有見過那女孩子嗎？」春枝問。

「哪有！我是很想見她，但是家裡那些人不願意，唉！聽說是她的主管，離婚幾年了！總是要見見人家，才做決定，是不是對女孩子比較公平！你說是不是？我知道你點子最多，快我幫出個主意，拜託你囉！」秋玲拉著春枝的手臂。

春枝斜著眼看著秋玲說：「你可以自己偷偷去見她……」春枝沒說完，秋玲馬上就說：

「不可能啦！一家子天天都要我伺候，我一不在，他們就知道啦！」

「那些老古板啊！我是不贊成讓人家女孩子像罪人一樣低聲下氣被男方評鑑，而且聽你說，女方是你兒子的主管，也是算有點成就，不是來依靠你家吃穿的，你們家那些人不能用過去『娶媳婦』的高姿態來看兒子要結婚這回事！」秋玲一邊聽一邊點頭。

「而且離婚也不能看作是汙點，一個女人自己養孩子，還在工作上有些成就，這女孩在EQ上一定有不錯的水平，抗壓性也不錯，人生也是有些歷練，娶這樣的媳婦，對你們家族來說，不是賺到嗎？不過話又說回來，古早對女人的要求是，最好嫁進門時是無知的，還要是處女，這樣才好教示。」

「對了！他們還說結婚後要自己出來開公司，聽起來都是在規劃中，兒子說只有懷孕是意外，女方也不急著結婚，她說先把孩子生下來再說，是兒子要求要結婚的。」

春枝雙手抱胸發表意見：「我的看法是，這是你兒子的婚事，他必須為自己去爭取去奮鬥，不能靠你來幫他打頭陣，所以你應該讓兒子自己一個人先回家說服，自己先回來面對壓力，不能自己不先回來處理，就把女友帶回家當炮灰，這樣很沒擔當，也會讓女友在心理上對你們家人有疙瘩！」

「你要讓這個寶貝兒子為自己所愛負責任，如果他真的那麼想要跟女友結婚，就要先學會成為一個男人，用男人的姿態去取得家人的祝福，不是用寶貝兒子的姿態來討幫忙，他以後才有能力經營自己的家庭！」

對丈夫生氣的母女

美娥十九歲就結婚，好像也有十來年了！夫家就離娘家幾條巷子而已，幾乎每天都回娘家，常常跟媽媽阿月一起來買菜，母女倆越來越像姊妹，感情越來越好。最近，春枝從她們倆身上發現一件有很有趣的事情，就是她們倆都很會嫌丈夫。

春枝知道像她們這一代的女人，很多都跟先生感情不太好，幾十年的婚姻下來，對丈夫都有一肚子的火氣，他們的孩子從小就成了媽媽傾吐憤怒的對象，有些孩子就成了母親的同盟，也對爸爸生氣、討厭爸爸，嚴重的話，甚至於對男人都有種莫名的厭惡與輕視。

春枝是看著美娥長大的，看著他交男朋友、結婚、生孩子，一步步追隨母親的腳步，帶孩子、理家做全職的家庭主婦，眉宇之間越來越洩露出些許怒氣，特別是春枝問起，她的丈夫最近生意做得好嗎……等等的事情，她的表情與回話就好像壓抑著怒氣，說出來的話都是負面的。

每當看到美娥的反應，就好像看到當年阿月的樣子，春枝就會想，對丈夫生氣也會遺傳嗎？阿月老公的德行就像那個年代的男人，沒有做什麼過分的壞事，美娥的先生也是在這社區長大的，跟春枝還算熟，特別這十年來，美娥老公看起來是越來越怕老婆。

春枝真是越看越有趣，兩個人不同的地方只有一點，阿月不會直接表達對丈夫的生氣，即使她有個街坊鄰居都敬畏三分的婆婆，經常受委屈，她也從不正面表達怒氣，美娥卻是從小就是街坊有名的兇巴巴恰查某。春枝不禁聯想到，美娥是不是把媽媽應該要生的氣，都扛在自己身上了！

因為美娥的婆婆也跟春枝相熟，是個很容易相處的媽媽，據春枝觀察，那家人上上下下都對美娥敬畏三分，大概沒人敢大膽故意讓美娥生氣吧！

春枝實在是雞婆成性，有一次美娥又跟媽媽來買菜，她就故意問候她的先生，「美娥，好久沒看見你老公，他最近好嗎？」美娥一聽，就板起臉來數落起丈夫來了，阿月在旁不搭腔，卻一臉很同意的表情，春枝聽著就說：「你感覺你老公與你爸爸，那個比較是個好丈夫？」

美娥一聽，馬上愣住了！大概是沒想過，老公是不是好丈夫這回事吧！「什麼好丈夫，春枝姨，我從來沒想過！」美娥低頭想了一下，又看看媽媽，「媽媽，你覺得爸爸是好丈夫嗎？」

媽媽也傻住了，呆呆看著春枝幾秒鐘，「雖然說不是讓我很滿意，但是也不能說不是好丈夫，跟有些人的老公比起來，其實已經很不錯了！」

春枝看著美娥，等著她的答案，美娥說：「若是仔細比較，我覺得我老公比我老爸好一點！」

「一點而已嗎？你對他還有什麼要求或是不滿意的？可不可以說給春枝姨聽聽，我常聽你嫌他不好，所以很好奇，我是好奇阿姨！」

「春枝姨，你這下真是把我問倒了，我要回去好好想想。說真的，我也不是喜歡常常生他的氣，有時候我也知道我氣得沒什麼道理，但是就是不能控制，所以氣過之後，就對他特別好，因為心裡不好意思……」美娥笑得很尷尬。

「有時候，我真是有點氣過頭了，春枝姨，我會回去好好思考你問的問題！」

記憶中最幸福的時刻

今天在社大課程裡，老師要學員回想記憶中最幸福的時刻，春枝心想，不知道多久沒去想幸福這回事了！幾十年都忙著為生活打拼，整天只想著把事情做好，把孩子顧好，每天的工作一件接著一件來，有時候會覺得欣慰，有時候會覺得快樂，幸福這回事，真的是沒去想過，可以說很久都不知道幸福的滋味了。

春枝閉上眼睛開始尋找幸福的滋味，真的有耶！幸福都在記憶裡頭，只是從沒去把它們提領出來，好好品嘗一番，春枝看到幸福的記憶接二連三的跳出來，老師說只要選一個最幸福的時刻，是哪一個呢？是跟老公定情的那天？或是第一個孩子出生的那一刻？

老師說，靜靜地等待，不要刻意去選擇，結果最後浮出來的畫面，竟然是小時候在鄉下灶腳幫忙阿母的畫面。

春枝很喜歡在下課後，幫忙阿母料理晚餐，在阿母身邊說著今天學校發生的事情，在如今的回顧中，竟然彷彿又聞到阿母煮菜時散出的香氣，這香氣就是讓春枝最幸福感的記憶，菜剛下鍋的聲音，菜煮熟的氣味都讓小時候的春枝覺得好幸福、好有安全感！

春枝帶著微笑睜開了眼睛，她環顧同學，大部分人的臉上都掛著微妙的微笑，只有少數人笑著很勉強。有趣的是，很多同學竟然跟春枝一樣，最幸福的時刻都跟廚房裡的媽媽有關。

下課回家的途中，珠妹說：「春枝啊，你也是想到媽媽的煮菜味，對嗎？我今天才知道我有多想念我阿母，下課回家跟著媽媽在廚房轉，真是好幸福！」

「是啊！我今天有去比較浮出來的幸福記憶，跟媽媽的這段，感覺最實在，很踏實沒有得失心，很單純享受就好，不用去付出什麼來交換，像是跟先生的幸福感，還是要我先去為他做什麼事情才換來的，或是他為我做什麼，我才覺得他愛我，然後才有幸福感，而且覺得幸福時，還是會怕幸福偷偷溜走，很奇怪，我從不怕阿母給我的幸福會溜走？」春枝回答。

珠妹有點憂慮地說：「你說的跟我想的很像，後來我又想到，這年頭的孩子不是很可憐嗎？像我的女兒、媳婦都是幾乎不煮飯的，上班忙，有時候下班又要趕著去上課、應酬……」

春枝接著說：「就是說，這個我也有想到，另一個原因是她們從小就不會做菜，都在讀書，也覺得做菜煮飯很麻煩，最後就變成不願意自己動手煮食，結婚後不是都變成老外一族，不然就是吃老母一族，回家跟婆婆或是媽媽搭伙。」

「我們養出的女兒都不會做菜，兒子更不用說了！」珠妹兩手一攤，「所以囉，我就煮飯煮一輩子，永不能退休，我女兒與兒子都沒跟我住，但是兩家子天天都回家吃飯，還打包午餐的便當回去……可憐我的孫，都沒有這種幸福記憶！」

「他會有其他的幸福記憶啦！」春枝安慰她，「好險我幾年前就叫他們別固定回家吃飯，老媽我只在特定節日做大餐給他們吃！你知道我為什麼叫他們別回家吃，鼓勵他一定要在自己家吃飯？」

珠妹很好奇等春枝說，「有天我看著他們在我家吃飯，真是熱鬧，突然發現我的兒子與女兒雖然各自結婚，但是都沒有長大，說難聽一點，沒有完全承擔家庭責任。組織一個家庭需要煩惱的事情很多，他們都不太需要去操心，因為我們老伙都替他們擔下來了，最糟糕的是我們替他們擔下什麼，他們自己並不清楚，他們以為多給我幾千塊，又天天回家吃飯，就是孝順我們。所以我覺得自己做錯了，替他們做太多是錯誤的，當天就宣布，媽媽以後不給你們這些已經結婚搬出去獨立的孩子天天煮飯了！要吃飯，自己去想辦法！」

「你還真是果決！我該跟你學學，我還幫女兒、媳婦帶孩子，三個孩子從出生就住在我家，最大的念幼稚園了，乾脆念我家附近，繼續由我們兩老接送，我要來上社大，還要拜託女兒、媳婦今天一定要回來，我才可以出門兩個小時！」

春枝拍拍珠妹的肩膀，人家的家務事她也不好多說什麼？她高興就好，但是令人擔憂的是，這些不煮飯的父母對下一代有什麼影響呢？這些年輕的父母都留給孩子們什麼樣的幸福記憶呢？

終於不回媽媽家吃飯的女兒

「你不是那個雜貨店的華嫂的女兒，從沒看過你來買菜！怎麼啦？幫你媽來買菜啊？」春枝殷勤招呼著霞美。

「不是啦！我是來買我家要吃的菜啦！」霞美說。

「你不是一直都在你媽家吃飯？好像十幾年了，連你妹妹一家也是，你爸媽每天來買的菜都很多，現在小家庭很少像你媽買這麼多，所以市場裡的老攤子都知道你們姊妹倆一家都是回家吃飯的。」春枝連珠砲地一直說，著實展現雞婆的本色，說得霞美一臉尷尬，不知道如何接話。

「阿你現在要自己煮飯了喔？你辭頭路，不用上班了嗎？」春枝依舊繼續雞婆。

「沒啦，是為了孩子！孩子有點狀況，心理治療老師要我為家裡的孩子煮飯……」霞美低頭一邊挑菜、一邊輕聲地說。

這話讓春枝耳朵都豎起來了，雞婆細胞更加活躍！「是什麼狀況，可不可說給春枝姨增長智慧？」

看霞美有點遲疑，春枝趕快說：「我不會跟別人說是你的事情，若是有人跟一樣，或許我們可以幫到她喔！」霞美考慮了一下，看到春枝的招牌雞婆笑臉，就同意了。

霞美有三個孩子，夫妻倆都是有正當職業的中產階級，教養孩子的過程與一般人無異，從小到大孩子該唸什麼該學什麼，一樣都不缺。但是大女兒唸大學後就搬出去，幾乎不回家，回到家就是大吵大鬧，對父母充滿怨言，說父母害他憂鬱症，害她必須靠吃憂鬱症藥物過日子。霞美與先生卻是一點都不知道自己做錯了什麼？

二女兒是最正常的一個孩子，但是高三時突然反常不唸書了，有類似憂鬱的傾向，與父母的爭吵不斷增加。

老三是兒子，有嚴重的網路上癮症，因此經常與爸爸有激烈衝突，在家的言行越來越惡劣，在學校的行為也不好，功課當然很爛，國三時根本不讀書，卻說要重考，霞美想，連書都不願意讀，重考有什麼用呢？先生每天看到兒子就氣得發狂，每天都用很惡劣的話罵他，每天都趕兒子出去。

霞美說：「所以這幾年，說真的，我家真的越來越像地獄，讓我很痛苦，我常常問自己，我這個做媽的到底做錯了什麼？讓我的孩子與家庭變成這樣，我一直都很守本分，認真工作，沒讓孩子吃過苦，沒讓孩子少得到什麼，怎麼會孩子一個個都出問題……後來我就去找專業諮商老師。老師就為我分析了原因，原因有點複雜，我也不想說，但是老師說複雜的案例先用簡單的方法來起步，因為母親這個角色我少做了一大塊，就從這裡恢復秩序。」

春枝聽得很認真，「簡單的方法就是你自己煮飯？」

「也可以這麼說，但也不是天天煮飯，重點是將一家人共餐的地點移回我們自己的家，老師說這是現實治療法，因為我的情緒太混亂，差不多被整成一個瘋狂母親了，先從一件事情開始，比較容易解開家庭糾結的動力系統。她說我十幾年都回媽媽家吃飯是一個錯誤，讓我自己的家庭能量不能凝聚，讓我們夫妻無法凝聚這些孩子的生命力量，家人之間沒有一個溝通事情與情感的平台；而且我沒有因為結婚而成為自己家庭的女主人，天天依賴父母給我準備晚餐，根本沒有長大，這話難以簡單說清楚的，其實就是一家人一起吃媽媽或是爸爸煮的飯，對父母與孩子是非常重要的。因為我家從沒有如此，家就像一個旅館，孩子其實沒有得到足夠的愛，我與先生也沒有給孩子與彼此足夠的溫暖，所以孩子不滿意父母，夫妻也彼此不滿。長期下來，孩子才會變成這樣。」

「現在有比較好嗎？」春枝小心翼翼地問。

「當然有！很神奇！很快就看到二女兒的改變，現在已經去唸大學了，小兒子也有進步，比較能為自己負責任，連老公都進步一些，可是老師也有給其他的治療。以前我以為不過是吃飯嘛，填飽肚子就好，去媽媽家吃再回家是最方便的！這方便讓我的家人付出不小代價，我現在才體會到家人在家裡一起吃飯，真是很重要！」

春枝聽完腦中波濤洶湧，心中感觸良多，雙薪家庭增多之後，確實讓一家人共同進餐的機會大減，甚至變得稀有，難怪現在親子與夫妻問題這麼多，重點真的不是找時間去館子約會來增進家人感情，而是一家人是否常常在家輕鬆溫暖的吃一頓家常飯。

爸爸的女朋友

連日的大雨讓春枝意外休息了好多天，一大清早就來了一個意外的訪客。春枝姨很高興地招呼著詠琪：「詠琪，你哪時回台灣的？」

詠琪略帶疲倦地說：「昨天晚上啦！回來幫媽媽做對年！」

「真快！你媽媽已經走了一年了……」春枝的口氣透露出濃重的傷感，畢竟是三十多年老鄰居，「你才回來，這呢骨力來買菜，煮給爸爸吃嗎？」

「不是啦！我是專程來找你的，我要向您求證一件事情，家裡已經為這件事鬧得很僵！」

詠琪欲言又止，「我想問你，知道我爸爸跟一個女人，或者說阿姨，走的很近？這個人你也認識，所以我來跟你打聽這件事情……」

春枝一聽，即刻一臉尷尬，換她欲言又止了！不知道要坦白說出實情，還是說出善意的謊言，「你怎麼聽到這種消息的？」

「若要人不知，除非己莫為！」詠琪有點生氣地說。

「你也不要這樣說你爸爸，你們這些孩子，不是在大陸，就是嫁到國外，不然就是忙得不見人影。現在沒有你媽媽幫忙帶孫，整個月也不見一個孩子來相借問，他一個人住，也希望有個伴可以講話，煮好吃的給他吃啊！他也不是去跟那個有先生的……」春枝不小心說溜嘴了！

「春枝姨，你的意思是說我爸真的有交女朋友，對不對？媽媽才剛死耶，他怎麼可以這麼快就變心！」詠琪都快哭出來了！春枝覺得詠琪一定在心理罵她，你是我媽的好朋友，怎麼還說這種話！

「詠琪，進來裡面說，春枝姨跟你說啦！」她把詠琪拉近來，不要隔著攤子說話，「唉！我跟你說一個祕密，你媽媽過世前有跟我說過，你爸爸是離不開女人照顧的，她也知道自己死了之後，你們這些孩子都不會有太多時間伺候你老爸。而且她也知道，你們都跟媽媽比較親，從小爸爸就很嚴肅，跟孩子不親近，所以你媽就料到你爸爸會很快交女朋友，或者說再結婚……」春枝停了一下，看看詠琪的反應，詠琪眼睛含著淚，眼神茫然！

春枝又繼續說：「你媽也知道你們這些孩子會反對，為媽媽抱屈，所以她交代我，除非你老爸去取外籍新娘或是惹上有丈夫的，要我幫忙勸勸孩子們，成全你爸爸。」

詠琪聽完默默流淚，春枝握著她的手，陪著哭，詠琪說：「媽媽這輩子都在忍耐，都在為爸爸著想，不是我們做孩子的不為爸爸著想，只是想到媽媽才剛往生，爸爸就有新歡，我們就非常無法接受。理智尚可以接受春枝姨說的，但是心理上還要在適應這件事情，不過我們是不能接受他們結婚……春枝姨，為什麼女人可以一心一意為了一個男人，男人在女人不能伺候他、照顧他，他就快快在找一個來代替？」

「你也不能說所有男人都是這樣，像是我弟弟，太太死了快十年，他也沒再娶，一個人帶三個孩子，多少人來說媒，他都不要勒！不過話說回來，喪偶後，男人的日子好像比較難過，需要找個女人來陪，特別是那種老婆是超級好女人的，反倒是女人沒有老公需要伺候，變的更快樂自由。我有幾個朋友，老伴走了之後，每天跟老姊妹走東往西，反而自得其樂！」

「謝謝你，春枝姨，來跟你說說話，心情好多了！」

「不用跟我客氣，有什麼事情儘管來找我，你爸爸的事情，你們兄弟姊妹也不用勉強一定贊成，若是說起來大家會不高興，我建議你們通通裝做不知道，讓時間來解決一切！」詠琪點點頭，給春枝一個擁抱。

要不要幫女兒帶孫子？

「紅梅，你女兒快生了，是不是？」紅梅點點頭，「聽說你要幫女兒帶孩子？」「我女兒跟我說的啊！」春枝姨真的是很雞婆，紅梅看起來臉色不太妙，她還繼續說不停，「我記得你不是說不要幫任何一個孩子帶孫嗎？怎麼又改變主意？」

「我還沒有真的答應啦！也沒有說不要！老實說，我比較願意幫女兒帶孩子，說真的比較好溝通，不會有麻煩，而且我女兒只給我帶白天，晚上假日都自己帶……我媳婦又不回來跟我們住，又要我幫她帶一星期六天，我哪有那性命這樣操勞？」紅梅皺著眉頭說。

「不過，幫孩子帶孫也是要公平，不然就像小時候搶玩具，孩子會計較！」春枝繼續說，「要嘛就每個都帶，不然就號稱不做帶孫的阿嬤。像我就說我要做生意，不帶孫，偶而幫忙可以啦！我女兒說帶孫跟賣菜一樣都是賺錢，我說可不一樣，賣菜是在外面走動，帶孫是關在家裡，少年關過，老了可不要再被孩子綁住，你們要生孩子要自己負責任，不要帶回家給老的，自己逍遙自在！我們以前也是要賺吃的，孩子都是夫妻倆同心養大的！」

紅梅接著說：「就是說囉！你知道嗎？那個錦秋就是每個孫子都帶，說是公平，三個孩子連生五個孫子，有的都念幼稚園了，還住在她家，一個禮拜來接孩子一次，錦秋還要煮一大頓給這些夫妻吃，還兼打包！結果變成老歹命一個，以前跳舞、唱歌、旅遊，跟我們到處去跑，現在哪裡都去不了，累得一把老骨頭都要分家了，連去看醫生都跑不開，還要拜託孩子回來替她幾個小時，給她去看醫生，孩子還跟她抱怨工作粉忙不能來哩！」

「有孫可帶，當然會高興，但是我真的是老了，體力衰退，沒辦法連晚上都起來照顧小嬰兒，你說我會不會怕我兒子、媳婦說話，當然會啊！所以現在我還都惦惦不說話，我等女兒做完月子說找不到保母，可憐兮兮來拜託我，我才勉為其難答應，他們就沒太多話好講……」紅梅繼續說。

這時候遠遠看到錦秋推著一輛嬰兒車朝這走來，車上坐了三個娃兒，還有一個大的拉著車子走在旁邊，「紅梅，你看，老歹命來啦！」

「錦秋，你出來買菜！恁孫越大越古錐！」春枝熱烈地跟錦秋打招呼，「還好有古錐！」紅梅跟春枝互相使個眼色，紅梅逗著孩子，接著說：「對啦！有古錐阿嬤就惜命命！」

春枝問紅梅：「你要是幫女兒帶孩子，一個月要收她多少阿　特別保母費？」

「行情該給多少？就應該給我多少！我女婿應該要給我的！對啦，阿秋，你帶這麼多孫，口袋不麥克、麥克？」紅梅拍拍口袋笑著問。

「唉！不要提這些啦，不要倒貼就偷笑，孩子要喝奶、吃營養品、零食、買玩具，固定給我的也不多，其他的開銷，有去要就有，沒有去要就沒有，有時候要了他說等幾天，然後等不到我也不好意思再說，老人年金都貼進去了！不要緊，自己的孫，長大會孝順我啦！」錦秋說。

「你這樣想也很好，畢竟是自己家的骨肉，孫子跟你親，就值得啦！」春枝摸摸孩子的頭說，「阿嬤尚惜你們，對不對啊！」

喪偶媽媽的老伴

社區大學下課鐘響起，淑美悄悄溜到春枝身邊，「春枝，你有沒有趕著回去？我有話跟你說……」春枝從沒看過淑美這樣鬼鬼祟祟，好像做賊怕給人看見。

「有啊！你要請我去吃宵夜？」春枝姨俏皮地說，「你如果腹肚枵，我們就去吃宵夜也可以……」淑美不是很有精神地回答。

「你有心事？看你的臉就知道！你最近不是春風滿面嗎？我看你都很開心，那位老紳士對你可真體貼！」春枝故意逗弄淑美，好像少女時代一樣，他們倆從小學就是好朋友，

「不要老三八了啦！我都快煩惱死了……」淑美都快哭了，「好啦、好啦！不跟你開玩笑，到底是什麼事情乎你這呢艱苦啦？」

「我那兩個厚生來跟我攤牌，說外面都在說我閒話，問我到底跟阿輝怎樣……，我們只是談談心說說話而已，難道老公死了，我就不能交個朋友，找個說話的伴……」淑美說著說著眼淚掉下了，「我不是因為人家說閒話難過，是孩子說的話讓我難過，他們說我丟他們的臉，只有女兒支持我……」

春枝默默撫著淑美的背安慰著她，淑美先生已經過世十多年，這十多年她打點先生留下的

事業，栽培三個孩子，幾年前把事業交棒而給兒子後就完全退休，什麼權都放下，而那個阿輝是獅子會的老朋友，太太剛過世幾年。

「我兒子說，大家都在商場上，人家的兒子來告訴他，說他們不會贊成爸爸再娶，叫我們自己要懂分寸……讓他很丟臉！……我們都活到這種年紀，要小孩子來教我們懂分寸，我也沒說要嫁給他……說到錢，我有的也不會比他們家少，我貪他們家什麼……」淑美從難過變成生氣。

「這些孩子也真不懂事！不如我去跟他們說說……」

「不用說啦！我辛苦這麼多年，現在才知道這些孩子都不會為我著想，他們以為媽媽是無血、無眼屎，只能為他們付出，不必為自己而活，不能追求自己的快樂……想到就心寒！特別是我那個老大……他們現在享受的都是我打拼出來的，他爸爸當初留下的公司還負債……」淑美的眼淚掉不停，「現在說我害他丟臉！」

「唉！」春枝嘆一口氣，「現在你打算怎麼辦？」

「我跟大兒子與媳婦說，如果他們覺得我使他們蒙羞，就搬出去自己住，以後沒事不要往來，公司的股份我持有一半以上，他們向我買下來，公司就通通是他們兄弟的，我也不管了！我已經想開，人生就是這樣，現在該我享受的時候，以前都是為別人活，我們守寡的處處怕惹人說閒話，現在我不管了！」淑美擦乾眼淚說。

「阿輝怎麼說？」

「阿輝也很生氣，他說財產是他打拼一輩子累積出來的，不是本來就是這些孩子的，要分財產也要懂得先尊重這個爸爸，他說我一輩子也沒在外面花過，也沒有對不起他們的媽媽，現在憑什麼干涉他的老年生活？就算他真的要跟我結婚，孩子也無權干涉！」

「對啊！現在什麼時代了，這些孩子還像古早人一樣……不過你也不要太意氣用事，讓孩子們適應一段時間，不要翻臉啦！你是老母，應該還是會尊重你啦！」春枝安慰淑美，「不過話又說回來，你甘是真的認真跟那個阿輝逗陣？」

淑美白了春枝一眼，「什麼真的？假的？這把年紀了，說說話，互相關心，這麼多年我都是自己一個人，也是會覺得孤單寂寞，特別是這幾年孩子都結婚，一個個成雙成對，誰有空陪我這個老太婆，我也會想有個伴……」

「對啦！對啦！男伴跟女伴不一樣，我也是你的伴哩！」春枝故意逗著淑美，「好啦！你儘管笑我好了，我會找機會給你笑回來！」

夫妻的戰場

「哈囉！妹仔又來買菜了啊！」寶珠又推著他的外孫女出來買菜，這個孩子真可愛，每次都讓春枝忍不住去逗弄她，不過最近這個寶寶越來越不愛笑，剛來住阿媽家時還不到一歲，隨時看到都是笑咪咪的。

「恁孫好像越來越不愛笑？是不是想媽媽爸爸？」春枝問，「哪有！伊父母已經回來，最近天天晚上都帶她回家，早上要留下來就哭得半死，要跟媽媽回去……你都不愛阿嬤了啊！不跟阿嬤在一起……」寶珠一邊對春枝說，一邊假裝生氣，用指頭輕敲著孫女的頭，妹仔一聽，竟然撇嘴，大哭起來！春枝看了在心裡默默搖頭，寶珠之前也帶大兩個內孫，兩個孩子都上小學，也是越大看起來越不快樂，臉臭臭，脾氣很壞的樣子。

寶珠抱起她，「阿嬤惜你，阿公不惜你，阿嬤惜你……」轉頭對春枝說：「伊會變這樣，都是我家老伙仔，大小心，外孫就不是孫，哼！」

「你又跟老公吵架喔？」春枝心裡有數還故意要問，「我以前好像也聽過你對內孫說阿公不惜你，阿嬤惜你，更久以前我們都年輕的時候，好像也聽過，你對兒子這樣說，你老爸不疼你，老母疼你！」春枝裝模作樣地學寶珠說話的樣子，讓寶珠看了又好氣又好笑，「你這個死春枝，你給我記住……你記性這麼好！」寶珠拿起一枝菜頭，作勢要打春枝，春枝假裝被打到哀哀叫，還說：「妹仔，你阿嬷打我喔！」

妹仔竟然打自己的頭說：「打打！壞壞！」

春枝瞪大眼睛問：「她怎麼打自己？」快伸手去拉妹仔的手，也給她呼呼。「我女兒說最近她回家一不高興就會這樣……我也不知道為什麼？」

「一定是你常常在她面前跟老公吵架，而且都是拿她的事情做藉口來吵架……她就以為自己不乖，害大人吵架。唉！大人感情不好，互相看不順眼，也不可以拿孩子作戰場啦！」

春枝的臉變得很嚴肅，「你們這樣害到孩子，還在孩子面前數落阿公不是，她會覺得自己不是好孩子，也會以為阿公真的不愛我……，你以前也是拿兒女來作文章跟老公吵架，我自古早開始聽你講，現在又拿孫子作戰場，不好啦！孩子可憐……」春枝一邊說、一邊搖頭。

「我哪有……那是他自己那個樣子……」寶珠又開始數落丈夫如何對兒子、女兒、孫子、孫女不好，證據跟山一樣高啊！

春枝說：「這些我都知道啦，你都說過了，夫妻若是彼此討厭，放尿、洗嘴都可以變成滔天大罪……」

寶珠很不服氣地反駁：「伊把阿輝帶著現在天天都在學校闖禍，難道是我的錯嗎？」

春枝知道寶珠不想聽，還是繼續說：「我問你，你們兩個舉著孫子這個不好、那個不好來相罵，這樣可以讓子孫變好嗎？你看，你孫子越大就越不開心，越不討人喜歡，對不對？沒給你帶的，就不會啦？是不是？」

「你這樣講不公平，你是我的老姊妹，怎麼幫那個老伙仔講話？」寶珠開始生氣了！

「哎喲！我不是幫伊講話，我是替你的子孫講話，以前顧賺錢，看你們也沒這麼會吵架，現在閒閒在家顧孫，反而吵的更兇，不通啦！小孩子很難過啦！你看，妹仔才來住幾個月就臉臭臭，打自己，可見他是真的不開心……你們兩個彼此恨自己娶不對、嫁不對，那是你們自己的事情，不要禍延子孫，讓子孫跟著痛苦啦！」

寶珠靜靜地低頭看著妹仔，小聲地說「我是有怨嘆嫁不對人，不知伊有怨嘆娶我是錯誤唔……不然你說我該怎麼辦？」

「要給你們互相甲意，好像很難啦，看他不順眼的時候就兩個直接去打一架算了！」春枝說，寶珠瞪大眼睛說：「你說什麼肖話？」

「沒空跟你講這麼多啦，我要做生意了，你只要記得，不要拿小孩子作你們兩個相扑的戰場，這樣就功德無量！我唱給你聽，冤哪有頭，債有主，互相哪相欠債，是不通報在別人！尚艱苦卻不是這，是父母兩人啊，冤冤相報永無煞，子孫在看，是痛在心，啊喂……」

我家老公更年期

接近中午，春枝看見淑家跟在走得很急的先生後面，淑家臉色凝重，她先生則怒氣沖沖，好像是衝著她的攤位來。

淑家的先生很快就到她的攤子前，怒氣沖沖地說：「你賣我的是什麼爛菜頭！」把一根切成兩半的菜頭摔在攤頭上。

春枝被他嚇一跳，不過她賣了這麼多年的菜，不是沒見過這種陣仗，她馬上陪笑臉，客戶永遠是對的，「真是對不起，我馬上換一個最好的菜頭給你！再多您一條，給你賠罪！」心裡想：「好險今天還有剩下幾枝菜頭，不然就難收拾囉！」附近的人都向這邊看過來。

這個先生哼了一聲，對春枝嗆聲：「虧我太太跟你買了十多年的菜！」兩隻手各拿一枝菜頭，轉身就要走人，太太在後面一臉尷尬，看了春枝一眼，跟著也走了！

第二天一早淑家就來道歉，「我先生最近都這樣，動不動就要找人吵架，我們全家都怕他！好像變了一個人……」淑家一臉擔憂的樣子，「自從被公司強制退休之後就這樣，早上說要幫我買菜，我暗自高興，沒想到，在料理的時候，只是隨口說了一句『這菜頭碰心！』，他就生氣了，馬上氣沖沖要找你理論……唉，我都要被他搞成憂鬱症了！」

春枝露出同理的表情說：「才五十多歲就退休，也真難為他了！」

淑家一手撥弄著菜攤上的青菜，眼神茫茫地說：「唉！我好懷念他沒退休的日子，我天天自由自在又快樂！我天天都在想有什麼藉口可以不要在家……」話才說完，淑家又嘆了一口氣。

「那你就多去上點課，多排一些義工服務，少跟他老兩口子關在家裡。」

「我也是這樣想，但是他不是要跟著我去，就是不准我去。跟我去的話，我壓力好大，他常給我出槌，讓我沒面子就算了，我還要去解釋道歉，就像昨天的事情；要是那個地方的人讓他不滿意，他就禁止我再去，有時候我真的強要起肖……」淑家又嘆一口氣，看起來更加憂愁，「你知道的，我還有一個孩子在唸高中，其他都已經工作了，要不是這個小的要養，我真想離婚……好累……」

春枝說：「我看你老公就像我去上的老人研究的課程，他是退休症候群加上男性更年期，所以鬱卒加上賀爾蒙失調，整個人都走樣，我認識你們這麼多年，他至少在外人面前都是很有風度的，畢竟是在大公司上班，有見過世面的男人。」

「就是他有見過世面，所以被公司半強迫一樣的退休，他心裡很不平衡，好像失去了演了幾十年的舞台，回到家，在後台跟我使性子……不只對我，跟三個孩子也是水火不容，孩子現在能不回家吃晚餐就不回來……」

淑家還沒嘆氣之前，春枝先幫她大大嘆一口氣：「唉！」也幫她沉重地搖晃著腦袋，這也是一種同理心的表現，淑家看到春枝這麼了解他，這麼替他難過，心裡覺得好過多了。

「春枝，好羨慕你，你沒老公了，就沒這種老來的煩惱，自由自在走東往西，不必被牽制！」

「這代誌不能這樣比較，我少年甘苦只可以靠自己的時陣，你是有人飼你，有人給你依靠的，天塌下來，他頂著，我可是都自己扛自己頂。現在你老公老了，回家靠你，又是更年期，身體與心靈都掉在亂流中，你應該幫助他，現在正是他狂亂的高峰，他也是正在適應自己的老化。我的老師說老化是每天都發生的，我們天天都在變老，不過沒有到一個臨界點，我們都沒發現，臨界點通常就是五十歲到六十歲之間，突然發現自己的身體衰老了，體力退化了，從工作上退休了或是被解雇，孩子長大離家，一大堆老化的結果突然全部集中出現，對一個人來說，是很大的衝擊……」春枝說得很順口，一邊說一邊很得意，這些都是昨天老師說的，春枝心裡想：「我大概還沒老，記憶力還不錯！」

「多去找一些資訊，一方面帶他去看一些醫生，中西醫都可以，調一下身體，是有幫助的，慢慢鼓勵他去運動、上課，或者他想的話，做點小生意也可以，他年輕時候是不是有什麼興趣？鼓勵他找回這些興趣……，讓他生活又重新找到重心，脾氣就會好一點……」

「你說的比較容易啦！他脾氣這麼壞……」

「你比他年輕快十歲，以後你也會更年期，到時不知道誰脾氣比較壞啦！他發脾氣，你就冷冷地說，這樣生氣對身體不好，不要隨他起舞，他就會反省，人生每個階段有每個階段的難題，把這些難題當做是正常的生命過程，就比較容易度過！越不願接受，日子就越難過！」

從煮菜開始愛自己

「惠美，你最近買的菜色跟以前不太一樣喔！怎麼了？改變飲食習慣啦？」春枝招呼著來買菜的老顧客，「不是改變飲食習慣，是我變回來做女孩時的飲食習慣！」惠美笑笑說。

「你說變回來是什麼是意思？」春枝喜好打聽別人隱私的習慣又被勾起了！

「這很簡單嘛！我以前都煮他們愛吃，不煮我愛吃的，現在我大都是煮我愛吃的，他們要跟著我學習吃我愛吃的東西！」惠美很得意地說，一臉好像打勝仗一樣。

「這樣你們那一家子不會抱怨嗎？」

「當然會啊！一開始的時候怨聲載道，拒絕吃的也有、罵的也有，那個罵的就是我老公啦！他說，你不知道我們家不吃這個嗎？我就回答，我也是家裡的一分子，我吃這個，而且從小喜歡這個，從現在開始我們家也會吃這個！」

「哇塞！你膽子變大了喔！」春枝讚嘆著。

「不是膽子變大，是變得有自信啦！我有去上一些課程，煮了十多年，才知道我是可以煮我自己喜歡的菜，不必全部都迎合別人的喜好，還有婆婆過世了，現在我當家！嘿嘿！」惠美拍拍胸脯。

「你公公呢？有沒有碎碎念！」

「我公公也會念一下，但是他一向好嘴道，我還是會煮他喜歡的，只是沒有全部都是他們喜歡的！要家庭餐桌革命不可以全部推翻前朝政府，這樣會眾叛親離，我看連續劇學的啦！」

惠美臉上綻露得意的笑容，繼續說：「我到五十歲才當家欸！已經累積足夠的智慧啦！」惠美說完，做出勝利的動作。

「你是什麼時候開始舉行餐桌革命？」春枝問。

惠美說：「這種大變動一定是受到刺激才會想到要開始，一個月前，我跟社區大學同學聚餐，在餐廳看到一道菜是我快十年都沒吃過，吃了一口，眼淚就自動掉下來，那是我娘家阿母的拿手菜，我卻是二十年都沒自己煮過，因為剛結婚我煮一次被婆婆罵，說他們家不吃這種東西，我就不敢煮，只有一年幾次回娘家，吃媽媽煮的，阿母過世後就再沒沒機會吃到。唉！其實那是一道很簡單的菜色，一般餐廳都有，但是你知道的，我們家是不可能去外面吃飯……」

春枝一邊聽一邊點頭，她當然懂這種心情，惠美繼續說：「我當時就想到老師說女人要記得愛自己，我剛聽她這麼說，一點感覺都沒有，愛自己有那麼重要嗎？我阿母從小教女兒要事事以男人、長輩、小孩為優先，這樣別人就會敬重你是個好女人，什麼都替自己想，別人就會批評你沒有盡到做女人的本分，可是那天我突然發現，怎麼都沒有愛自己，我真的沒有愛自己耶！那天我一邊掉眼淚一邊吃，就決定要好好愛自己，我每天都要煮三頓，就用煮菜開始學習愛自己！」

「春枝姐，你知道嗎？當我開始煮以前阿母煮給我吃的東西，很多小時候的回憶又不斷想起，我就在餐桌上說給孩子們聽，孩子都聽得很高興，一直問東問西，跟我越來越親近，而且越來越喜歡我的新菜單！我老公看孩子那麼高興，就不再念了，也慢慢愛上我的新菜單！」惠美一臉幸福的樣子，春枝都替她好高興！

談不成戀愛的女兒

「春枝喔！你在兜位？」有人在攤子頭上呼叫春枝，原來春枝鑽到底下去整理剝下了爛菜葉，聽到有人叫她，趕緊站起來，猛然撞到頭。

「唉喲！你撞得這麼大聲，有要緊嗎？」淑娟趕緊檢查春枝的後腦杓，如果春枝的雞婆腦袋被撞傻了，這些姊妹客戶都少了很多好康的幫忙！

「你叫這麼大聲，是來招我的魂！」春枝假意抱怨，「要買菜，自己挑就好……」

「不是專工來買菜，是專工來問你，上次你不是安排我女兒跟你那個外甥相親，我女兒說見過幾次面之後，那個男孩子就一直說他很忙，就沒有再跟我女兒見面，是真的那麼忙嗎？還是他有其他女孩子在交往？」淑娟連珠砲問了一大堆。

春枝一聽，面露難色，支支吾吾說：「少年人的代誌，我奈知是怎樣？」淑娟鍥而不捨，繼續追問：「我上禮拜不是拜託你去問嗎？你給我打包票，說沒問題的啊！現在怎麼這樣說！」

「唉！我也是很為難，老實告訴你好了！我外甥說，你女兒也不是長的不好，也不是人品不好，就是跟他在一起覺得怪怪的，不自在，他也不知道為什麼。其實一開始他還滿甲意你女兒，但是出去幾次，回家之後就覺得不是很愉快，也沒有爭執啦！但是就是不對勁，他就想大概是合不來吧！也提不起興趣再跟他約會了！」春枝一口氣把難說出口的話都說完。

「怎麼會這樣！難道我女兒做錯什麼，或是說錯什麼？還是她缺教養，行為不得體，得罪了人家？」淑娟很緊張地問。

「我看是不會，我也是看著你女兒長大的，這女孩是人品是沒好挑剔的，這個外甥我也是看著他長大，他的個性也是不會亂說話，很厚道的！」

淑娟一臉無奈又憂愁，「我這個女兒說起來是很貼心又能幹，老闆都很賞識她，但是戀愛運很差，我前一陣子還幫她去請了一條大師加持的粉晶手珠，說是可以增加桃花運，花我不少錢，沒想到也是沒用，以前相親不成的人也是說的跟你外甥差不多啦！我女兒的自尊心很受傷！」

「我想到了，昨天外甥來我家，我跟他閒聊了幾句，他又問起你家女兒好嗎？我就笑他，不跟人家約會又問人家好不好？他就說，其實也不是不動心，只是跟她在一起有時候會覺得怕怕的，他也覺得很奇怪，有時候還是會想起她，有天就突然發現，他是怕她生氣啦！你女兒好像會生悶氣，又忍著不敢發出來，讓他會怕怕的，跟她在一起有壓力！他又說，有時候覺得你女兒討厭他，並不喜歡他！」

淑娟：「是嗎？我女兒不高興的時候，確實是臉臭臭，但是也不會沒事生氣啊？」

「淑娟，我問你，你老實說，若是給你再選一次，你要不要結婚？」春枝不懷好意地問。

「你問這要幹嘛？老實說，我是不想，我也常跟我女兒講『結婚是拖磨，特別是嫁到你爸爸！』我的女兒、兒子都是站在我這邊的，真是沒有白養他們！這是唯一沒怨嘆的！」淑娟感嘆地說。

「你說女兒、兒子站在你這邊是啥意思？跟你一起討厭排斥家裡那個老男人？」春枝問了一個尖銳的問題。

「春枝你這樣說，就有點過分，我也是都有叫他們也要孝順爸爸，是他們的爸爸實在太難伺候……」淑娟嚴正抗議。

「我來舉一個例子給你聽，有人在吃一碗湯，一邊吃一邊嫌難吃，還一邊叫別人跟他一起吃，有人會樂意來吃嗎？這樣就算了，他自己一直罵那個煮湯的人，卻要別人去感謝那個煮湯的人，這個人的行為正常嗎？」

「你說什麼，我聽唔啦！」淑娟有點生氣了！

「聽唔就算了！當我沒說！媽媽要是討厭丈夫，女兒可能跟著討厭爸爸，爸爸是女兒認識的第一個男人，討厭男人的心情可能帶到戀愛裡頭。我今天終於懂了我外甥的心情，其實他是有點愛上你女兒，卻又覺得你女兒討厭他，心有點受傷，所以才迴避她的！」春枝終於把話說白了。

「我回去會跟我女兒說啦！總不會每個男人都像他爸爸……」淑娟說完悻悻然地走了。

你錯我對

「阿好啊，你不是搬去上海跟兒子享福，回來度假喔？」春枝很高興地跟阿好打招呼，阿好卻臉臭臭，眼睛直直看著菜攤子，過了一會才說：「說出來會見笑，我被我兒子媳婦趕回來……」說到一半，阿好的眼眶已經泛紅。

春枝心想：「我這個攤子好像是愛哭攤，查某人受委屈都來我這哭，大概是我這位風水好！不過，被兒子媳婦趕回來，恐怕是片面之詞，雖說媳婦是大陸人，這兒子卻是我從小看大的，應該不會如此對待媽媽。」

「他們是用掃帚把你趕回來嗎？真是過分，這樣對待媽媽！」春枝有個毛病，遇到這種事態嚴重的，她反而會開個小玩笑，但是當事人沉浸在情緒裡，常常沒聽到她的玩笑話，不過春枝還是不忘記同理她的顧客，阿好一聽到春枝說兒子、媳婦過分，整個背脊都挺起來了！

「都是那個大陸女人啦！我好心好意幫她照顧家庭，她嫌我多事，干涉她的生活……」阿好越說越激昂，春枝挺好奇的，她有聽過嫁來台灣的大陸媳婦，怎麼被婆婆管得死死，倒是沒聽過去大陸的台灣婆婆怎麼跟大陸媳婦過招，聽說上海的女人都很強勢。

「我一去，看到家裡請傭人，我看傭人掃地也不乾淨，煮菜也不合我胃口，洗碗我也不放心，衣服領子袖口也沒刷乾淨，衣服也折得不整齊……」春枝一邊聽，在心裡說：「這世界上，誰會做的比你乾淨又比你完美呢？若是對自己的自信只建立在家務上，沒做家事就不知道自己活著有什麼價值了！當然要嫌別人做不好囉！」

「我就想，何必讓兒子多花錢呢？剛好我去之後，過兩天就一號，我看昨天兒子給工錢，第二天傭人早上來按電鈴，我就跟她說今天開始不用來了！那天我就很徹底打掃整個房子，才發現那個大陸查某真是懶惰……」

春枝忍不住插嘴：「她還是你兒子的牽手，你也不要開口大陸查某，閉口大陸查某！足歹聽欸！我的看法是這樣啦！你剛剛去就做自己做主辭退傭人，會不會有點大主大意，沒有尊重兒子與媳婦？」

阿好一聽很大聲地說：「我是他們的老母，是誰要尊重誰啊？這樣做也是替他們設想啊！」

春枝被她的聲音嚇一跳，「他們馬上就趕你走嗎？」

「他們敢！向天借膽嗎？我是他的老母！他們不敢說什麼，我只看到媳婦臉色不好，好像是兒子壓著她，不讓她來質問我！我就是要用這件事情讓他們知道，我是婆婆，我來住就是我做主，兒子以前都是聽我的啦！」阿好很有威嚴地說。

春枝微笑無言地說：「你這麼急著稱霸武林，才會落荒回台灣啦！」，嘴巴有聲地說：「你要是幫她把家事都搞定，媳婦也應該感激你！怎麼搞到一翻兩瞪眼？」

「對啊，我這五個多月，天天幫她做家事，也天天教她如何理家，如何做個勤勞的查某人，她竟然說我來之後，就批評她、鬥爭她，害他們家庭氣氛『特』不好，後來還說真是後悔叫我來上海住！她就是用這句話趕我走的！」阿好這個台灣歐巴桑，也學會大陸話了，春枝憋住不讓自己笑出來。

「喔！原來是這樣，你是如何『教』她？」春枝好奇地問。

「我就是好像在教自己女兒……其實她做什麼我都不順眼，所以我就從頭教起……」阿好很努力地描述她是如何用力教媳婦，春枝聽不下去又插嘴：「你的意思就是她做的都是錯的，你做的都是對的……」，阿好急著辯解：「她是大陸人，不懂我們台灣的規矩，什麼都不會，當然要教……」

春枝說：「媳婦又沒住在台灣，為什麼一定要學台灣的規矩，媳婦沒跟你生活過，又是大陸人當然不會跟你一樣，你不能說跟你不一樣就是不對，或是她就是不會啊！我聽起來，人家也沒趕你，聽說大陸女孩子說話直來直往，你既然去跟兒子住，也要試著去了解大陸人的習慣……」

「我回來之後，他們也是有打電話來道歉，我女兒說的也像你一樣……但是我不要再去了……」阿好壓地聲音地說。

春枝嘆了口氣，「你這款壓落底的老步數，對年輕女孩已經沒用啦！阿好姐啊！強勢婆婆人畏懼，伊那驚你就不愛你；你是錯來我是對，看是我贏，我穩輸，贏在一時，輸後面，有智慧的歐巴桑，攏是做乎媳婦來感激——」即興唱完還做了一個漂亮的身段，春枝已經不用登台，就天天演出了！

女婿的圍裙

快收攤了，看到十年前在隔壁賣雞的阿真往這裡走來，她後來炒房地產發達了，不賺這種辛苦錢，春枝不喜歡她喜歡炫耀的習慣，但是只要是客人她還是盡心對待。

「阿真，恭喜，聽說你娶了媳婦，最近又嫁女兒！」春枝主動跟她問候。

阿真眉開眼笑，「我女兒結婚剛滿一個月，女婿真體貼，會洗碗做家事……」阿真一邊仔細檢查白蘿蔔，春枝看了心裡想：「這個女人的老毛病，挑剔、愛占便宜，她要開始嫌我的菜了。」

「你的菜怎麼這麼醜！昨天我跟我女兒去逛百貨公司，買了一條名牌的圍裙送給女婿做生日禮物……」阿真越說越得意。

春枝故意接著說：「你女婿可真好命，我都沒看過名牌圍裙，都是圍買醬油送的；不過，話說回來，你女婿的媽媽可真會教兒子！幫你教出一個好女婿！」

阿真的眼睛從菜堆裡抬起來，挑著眉毛說：「是我女兒會教老公，我會教女婿！他那個媽媽看見兒子幫太太洗碗，一臉不高興！」

「欸？我記得上個星期才聽你說，媳婦要你兒子洗碗、收衣，你還當面罵她懶惰查某！怎麼現在又這麼鼓吹男人做家事呢？你想開了啊？還是女兒可以懶惰，媳婦不可以休息一下！」

阿真假裝沒聽到，又抱怨青江菜看起來快枯了，苦瓜快爛掉，整攤的菜被她嫌到完，春枝心裡著實同情起阿真，實在很想問她：「阿真啊，阿真啊，你這樣活著快樂嗎？」

春枝決定要逗逗她，「你哪時候也要買一條名牌圍裙送給你兒子，讓他跟你女婿一樣變成新好男人？」

「這不是便宜那個懶惰女人嗎？」阿真豎起眉毛說。

「我看你媳婦不像你說的那樣，前幾天才來，很有健康觀念，每天早早就起來打果菜汁，做早餐給先生吃，現在幾個女人起床做早餐？你以前有做早餐給孩子先生吃嗎？」

「我哪有空？早早就起床賣雞了！」阿真似乎要生氣了。春枝才不管，繼續說：「你媳婦也是早早要趕車子去上班，晚上下班就趕著回家替你煮飯！」

春枝又說：「以後跟著你久久長長的是媳婦，老了、病了，靠得也是媳婦，兒子被你照顧成茶來伸手飯來張口，你身體病痛，有幾次兒子主動問候你？」

「我女兒很貼心……」阿真說，聲調變低。

「女兒結婚後，多久回來一次，她沒跟公婆住，假日還是要回去，能常常回來看你嗎？女兒嫁出以後，很難隨叫隨到，你只有一個兒子，就這一個媳婦而已，你這樣大小心，對媳婦講話又這麼不留情面，當心老了就自食惡果……」春枝一口氣說完，心裡想自己真是雞婆，但是不說心裡又不痛快！

阿真聽完也不搭話，「你算算多少錢啦！」春枝一一秤過，「總共是一百二十六元！」

「算一百元整數啦，老鄰居了！」阿真又開始殺價，春枝想起以前她賣雞的時候，是難得減一塊錢的，「已經算你便宜了，不要跟我過不去啦！名牌圍裙你都在買了，不要跟我殺這一點錢！」

「你就要收攤了，這麼計較！」

「我每天賣剩下的，留下自己吃的，都送去給孤兒院，不會浪費啦！你不要，也沒關係！」

阿真丟了一百二十元在攤子上，春枝手拿著裝菜的袋子，兩個人僵持著，她心想今天自己真是跟阿真槓上了。

春枝又唱起來：「買賣靠誠意，不愛勤勉強，步步要贏，就會步步輸……」

未等春枝唱完，阿真又掏出六個銅板，丟在攤子上，伸手用力拿走她的菜，悻悻然頭也不回地走開。

我的媳婦歹教養

春枝今天菜攤休息一天，去參加大悲懺。出班時，遇到娘家的老鄰居春雲。「阿雲，好久不見你！看到你真歡喜，聽說你兒子結婚了，恭喜喔！做婆婆的滋味如何啊？」春枝挽著春雲的胳臂說。

「哪有什麼如何？現在這個時代做婆婆也沒有什麼好享受的！」春雲揮著手說，春枝聽出女人刻意隱藏的埋怨，「我看你兒子人品不錯，娶到的太太一定也很優秀！」

「是沒歹啦！就是後頭歹！」春雲用很奇怪的表情說出這句話，「後頭歹是啥意思？她家人作姦犯科嗎？」春枝盯著春雲問，春雲不回答，悶悶地哼了一聲。

「生女兒沒好好教養，不是歹後頭，是啥？」春雲漸漸無法維持她的優雅，天生雞婆又八卦的春枝，一聽到這種話興致就更高昂了！「你媳婦是按陣無教養？你說給我聽聽看！」

有了春枝這個聽眾，春雲就毫不保留開始數落媳婦的歹教養。

她說，媳婦從不煮飯，連碗都用免洗的，她的兒子從小給她照顧的仔仔細細地，怎麼跟這個女人結婚就沒飯吃了？於是他就搬去跟他們住，目的是去照顧寶貝兒子，同時好好教示這個沒被媽媽教好的媳婦。

「甘有這麼離譜，家裡都用免洗餐具，你這樣講太離譜啦！這現在的年輕人都上班，兩個而已很難煮，現在吃外面也可以吃得很健康，看怎麼選擇啦！」

「我沒有胡說啦！你可以自己去看看……」春枝趕快澄清，「我就每天煮飯給他們吃，她吃完也不會去收拾洗碗喔！都等我繼續做老婢啦！」

「你做老婢，甘有歡喜？你做了不歡喜，就不要做！而且他只是不像你的習慣，馬上去洗碗，你就認定他不去洗，上一天班回家很累的，跟你做家庭主婦不一樣的啦！你兒子若是希望太太煮飯，小倆口自然會去溝通問題，少年的結婚後，要讓他們自己去學習溝通協商，你管這個多，只會壞事啦！」

春雲很生氣地說：「什麼壞事？我怎麼可以看到我兒子沒飯可以吃？」春枝一聽到這句話哈哈大笑，笑到眼淚都流出來！春雲看到氣得臉發紅，「你不是朋友啦！這樣糟蹋我，這真嚴重耶！」

「我知道真嚴重啦！你這些做好女人婆婆就是這麼心急，又這麼在乎寶貝兒子，對丈夫好像很久都沒這樣喔！愛兒子比愛老公更多啦！自己甘願做兒子的老婢，也要媳婦變成兒子的婢女！」春枝一邊說，春雲一邊瞪著他，「他家的姐姐也是很歹家教……」

春枝笑地更大聲，「你連他家姐姐都嫌，都真厲害，媳婦的姐姐你也想教示一下嗎？某是你兒子挑的，他都可以接受，你這樣是無事生非啦！」

「春枝，你這樣講，很不夠朋友！」

「是朋友才要說這些不重聽的話啦！不是朋友，我管你這麼多？我給你說啦！我也是贊成家裡有自己煮飯比較好，至於是先生煮，還是太太煮，現在這個時代沒有一定啦！你兒子不會煮飯做家事，算起來你兒子也是歹教示！」

春枝喝一口水又繼續說：「你若是要媳婦接受你的教導，不可以滿心肝都是在嫌棄他，你不只還嫌棄他，連他們家人都嫌棄，等於說你先否定你媳婦，還糟蹋他的家人，他怎麼會歡喜跟你學你的本領呢？這是人之常情！換成是你，你會高興接受這種否定的對待嗎？」

「我都沒有跟他說這些話，沒有在他面前嫌過……」春雲說。

「嘴巴沒嫌，心裡嫌，也是都寫在臉上，你看你那張臉，什麼話都寫在臉上！不同的家庭有不同家教，做婆婆的若是只認為我家的家教才是對的，媳婦家的家教都是錯的，很難讓媳婦有歡喜心跟婆婆學習新家庭的新事物，你跟媳婦的距離只會越來越遠，像你這樣的婆婆，媳婦一定不敢歡迎你去，想到就怕！你若是有智慧，就要趕快放棄這種樣子，換成有智慧的方法來教媳婦啦！」

年夜飯

今天是社區大學農曆年前的最後一堂課，阿美那個班上的婆婆媽媽們的主要話題都環繞過年轉。

「我媳婦說今年要去餐廳圍爐，說是不要讓我太辛苦，我去年不答應，今年就想，也好啦！休息一年，過一個人家準備好好給我享受的年夜飯，本來還很擔心這樣不好，現在快到過年，發現真是輕鬆很多耶！」錦秋很高興地分享。

麗霞一聽，馬上回嘴：「我就是不答應去外面吃什麼年夜飯，說穿了就是懶惰煮、懶惰洗，我兩個媳婦的如意算盤都是因為懶惰啦！」

「你也不能這樣說！他們都上班到除夕前一天，哪有閒像你以前那樣一個月前就開始忙東忙西，做這個、蒸那個，還醃一堆好料，過年大家開開心心最重要，我們家十幾個人今年過年要去馬來西亞渡假，聽說哪裡的新年可有年味囉！我的一個媳婦是馬來西亞人啦！但是我們是住在飯店，沒有跟他們圍爐啦！」香華很興奮地公布她的計畫。

阿美舉起雙手，做出大家聽我說的姿勢，「你們都坐好，不要跌倒啊！我要告訴你們一個驚人的消息，今年過年我們要跟我媳婦回高雄她的娘家過年！」阿美話一說完，大家全都閉上嘴瞪大眼睛看著阿美。

「你老公同意喔？」麗霞很驚訝地回話。

「我說服的囉，我說媳婦也是有父有母，她的哥哥、嫂嫂今年在大陸沒辦法回來，兩老很孤單，我們家的公公、婆婆都已經過世，比較好講話啦！我媳婦可高興的呢！」阿美一邊說、一邊扭動她的腰肢，做出跳著草裙舞的樣子。

「這個三八阿美！我看你比媳婦高興唄！」一夥資深熟女笑的東倒西歪。

金寶說：「阿美啊！你們家可真是顛覆傳統，我佩服你，但是去親家吃年夜飯，不會不好意思嗎？你是跟他們家很熟，常來往是不是？」

「哪有熟，有時他們打電話來找女兒，我會跟親家哈拉幾句，媳婦嫁來十多年，我見到他們爸媽不超過五次，我做生意也沒閒下高雄去看他們！」阿美說。

「這樣你敢去，不會歹勢！」一夥女人七嘴八舌的說。

「那裡會歹勢，他們家女兒跟我這麼熟，跟我住了十年，自己媳婦的家怎麼會生疏，就像你去一個十多年老友家，不是會很親切嗎？親家聽到我們要去他們家過年，高興得不得了，本來媳婦要爸媽過來，我就說：『我做生意很忙，不如今年趁機去高雄渡渡假，去你家過年，怎麼樣？你嫁過來這麼久，我都沒有去過你家，應該要去拜訪一下！』媳婦馬上去問她爸媽，他們一口就歡迎我去囉！嘿嘿！人家歡迎就好，你想這麼多，給自己添煩惱！」阿美一邊拍著肚子，很是得意！

「說的也是，還是阿美比較自在，想得開，我要多跟你學學，我媳婦就說她娘家很大，她的爸媽要我們住家裡，我們說要住旅館，他們還說我們不給面子哩！現在我跟兒子講，取消旅館啦！高興自在享受親家的招待！」

阿美說：「對啦，過年嘛，歡喜就好！什麼時代了，堅持這麼多，給自己添煩惱而已啦！」

嫁個老公好過年嗎？

過年到了，市場熱鬧的要命，很多熟客都來跟春枝姨訂年菜，「春枝啊，我跟你訂的長年菜，你有幫我留嗎？」

春枝正低頭找錢給客人，「當然有，你這麼久沒在台灣過年，我當然要幫你準備好！你女兒哪一天結婚啊？」

麗眉說：「唉，就是前兩天啦！」

「女兒結婚是天大的喜事，這年頭，像你家女兒，這麼優秀的是很難嫁出去的！你怎麼好像不高興？」

麗眉接著說：「這我當然知道，她在三十五歲之前可以結婚，也了了我的心事……但是我現在又有新的煩惱，唉！」

春枝又開始發揮她的八卦本領，問麗眉：「你女兒未婚懷孕喔？」

麗眉一聽，瞪了春枝一眼說：「哎喲，黑白講，我是煩惱她過年前嫁過去做新媳婦，會給她的婆婆釘到滿頭包！她從小就只喜歡念書，我只教她會做一般照顧自己的事情，我也是上班啊，不像人家過年過節什麼吃的都是自己來，聽說她的婆婆一輩子都是家庭主婦，而且十八般武藝樣樣精通，每年過年都是從兩個月前就開始準備那些食物，全部都是自己做的，各種口味的年糕、醃菜、紅糟……，聽說連油蔥頭都是自己做很多……」

「這麼厲害喔！你女兒會什麼？」春枝問。

「會讓自己不會餓死而已啦！而且我知道她對這些麻煩烹飪的的食物沒太多興趣，一向主張健康簡單的飲食，不必花那多時間在那種事情上面，可多很多時間做學習、旅行等其他事情，所以婚禮時，她婆婆當我的面說，今年過年她終於有幫手了，還說我女兒很會讀書，但是不會做家事，她會好好教她，我心裡想這下我女兒悽慘了！」

「這是叫做嫁個老公，不太好過年！如果年後結婚還有一年時間可以適應與溝通，過年前結婚，馬上就進入戰國時代，你女兒怎麼說？」春枝說。

「我沒跟她說這些，怕火上加油，聽說結婚前已經有點不愉快，她婆婆對這個高學歷、高成就的媳婦，有點給她下馬威，我不知道親家婆心裡在想什麼，我把女兒培養到這麼優秀，最後變成你家的人，她不感激，還好像不稀罕，好像寧願娶一個不認識字的媳婦，只要會煮飯洗衣，乖乖聽話就好……想到我就傷心……」麗眉眼眶泛紅，越說難過。

旁邊有個聲音插話近來，是美花在說話：「對啦，過年前結婚，對男人是討的老婆好過年，對女人是歹過年，婆媳最多摩擦就是在過年最忙碌的時候，婆婆要媳婦幫忙，卻又挑剔，又不喜歡媳婦用她的廚房……很多事情可以弄得大家都不爽啦！特別是現在的女孩，結婚前都很少做家事，如果又是家裡的媽媽一切從簡的家庭，這女孩連那些傳統年節食物怎麼做都沒見過，我女兒前年結婚，我就反對親家要求過年前結婚，我說反正沒差這個月，過年後再結婚，酒席等等比較好訂啦！要辦什麼事情都比較方便，還有比較多折扣！」

春枝視著安慰麗眉：「嫁都嫁了！你的女婿對這種過年怎麼煮、怎麼吃有什麼立場？」

麗眉說：「我那個女婿也是留學的，說她媽媽每年做的食物，送人的跟倒掉的，比吃掉的還多，總是要她不要煮這麼多，她都不聽……」

「那好險，你女兒有老公的支持，放心啦！那麼有成就的女孩子，用一點點聰明才智就可以克服這個問題啦！」春枝握著麗眉的手給她打氣，趕緊又去招呼別的客人囉！

自尊之戰

這個星期春枝在社區大學的讀書會所討論的主題是「尊嚴」，眾家婆婆媽媽對尊嚴都有自己的解讀，秀女大姐先說話：「我覺得尊嚴就是有沒有受到尊重，特別是我們女人家，若是有被家裡的人尊重，做牛做馬也覺得很值得，覺得自己在家裡有尊嚴有地位。」

春枝問：「人家要怎麼對你，你才覺得被尊重？」

「有被感激與肯定！」、「不被當作台傭看！」、「婆婆、小姑不要冷言冷語，能夠知道我也是盡心盡力。」……大家七嘴八舌說了很多，情緒都被挑起來了，一陣喧嘩後突然靜默下來。

鈴鈴打破沉默：「我覺得很多時候家人的衝突都跟尊嚴有關，特別是我跟婆婆之間，每次跟婆婆有口語上的衝突都是因為我受不了了，剛才就想到我為什麼會受不了，因為我覺得很委屈，這委屈的感覺其實是覺得在家裡沒有尊嚴，說難聽一點就是我覺得自己沒被當作是人看待。真的不是我愛計較，都是我在照顧生病的婆婆，但是她總是在說其他人對她多麼好，總是跟別人說我不好……」說著就哽咽起來。

「我剛好是相反，我是做婆婆的，我也覺得我媳婦沒有尊重我，我在兒子家住一點尊嚴也沒有，譬如說吃飯時候我講這道菜我以前都怎麼樣煮，我媳婦就臭臉，我如果說這怎樣煮比較好吃，她就應我，不甲意喫就不要喫！」理子接著說，也是一臉委屈的樣子。

春枝綜合大家說的，「所以說你們彼此鬥氣都不是為了事情而已，主要還是為了自己的尊嚴，就是爭一口氣啦！是不是？這口氣就是捍衛自尊！你們都是為自尊而戰，哈哈！」春枝哈哈大笑引起眾人的撻伐，「這種事情有什麼好笑的，這個三八春枝！」

「大家都很委屈，我大笑三聲讓你們輕鬆一點，有什麼不好？」

金鳳說：「好像是住在一個屋簷下，比較不會彼此尊重，也不會感激別人做的，我們女人需要的只是一點感激與尊重，然後我們就做得很高興，真的不是愛計較！」

「要如何做才能得到尊重，而且覺得很有尊嚴呢？」清梅提出問題，看起來她也很有這個需求，不過這提問又換來一陣靜默。

過一會華香說話了：「我倒是覺得理子的媳婦有點過分，是不是現在的媳婦都說不得，我的孩子都還沒結婚，但是我姐姐的媳婦好像也是這樣，害我姐姐常來跟我訴苦，我還打電話去講過她媳婦……」

「你去罵人家媳婦，她的感覺一定就像鈴鈴的感覺囉！有功沒賞，一點雞毛蒜皮的不對頭，就被放大傳播出去，讓做媳婦的越來越不想付出太多。」已經有兩個媳婦的美惠終於說話了。

「我有時候也會覺得媳婦不尊重我而生氣，特別是剛開始做婆婆的時候，我就會跟媳婦講一些話或是跟兒子告狀，我兒子都是聽我說完，然後安撫幾句，可是有一天我兒子回我：『媽媽，其實敬姝的感覺跟你一樣，也覺得沒有被尊重，她覺得你好像沒看到她的努力，只是一直看到她做不好的地方，也不想了解她，常常說一些話讓她覺得她必須完全忘記自己過去三十年的喜好、習慣，好像你認為她必須完全按照你的方式重新做人才能讓你滿意，她也覺得很委屈沒有尊嚴，不是我護著老婆不顧媽媽，媽媽你要給她多點時間去適應你，我也希望你可以接受敬姝不是像你一樣小小年紀就做人家童養媳，她有她自己的做事方式與喜好，跟你不一樣也不見的都是不對的啊！』老實說，我當時聽完這段話，簡直要腦充血……」

整個教室鴉雀無聲，「後來我自己想了很久，畢竟婆婆還是比較大，她有在忍耐我，就是有尊重我，兒子說的也是有點道理，我就開始改變，多站在媳婦的立場去想去看，我漸漸發現其實她做事的方式有時候真的比我有效率，我也開始跟她學一些新觀念，她覺得我有欣賞她，她反而主動跟我學一些老人家的絕活，我們的感情越來越好，很少為自尊而戰鬥的事情啦！」

美惠一說完，大家一陣鼓掌，春枝又唱起歌仔戲：「人家說尊嚴人人愛，尊嚴也人人需你給我，啊！我給你，大家歡喜來鬥陣，喔！來鬥陣！」

媳婦沒照顧好我兒子

一大早去擺攤，就看到德美的身影，看她先去雞肉攤，又去賣魚的那裡，又去豬肉攤，好像是買豬腳，春枝心想：「這個阿美現在只有一個人住，女兒出國留學，兒子結婚搬出去住，買這麼多菜，莫非是要辦桌？等下她到我這的時候，我來問問……」

春枝也真是太雞婆，人家阿美要買很多菜也要給人家管！這德美真的就來了。「阿美啊，我一早就看到你啦！你現在一個人住，買這麼多菜要幹嘛？」

「哼，賣去飼我兒子，不然會給我那個媳婦飼到營養不良啦！」德美憤憤地說。「甘有這麼嚴重？你兒子大人大種，自己不會照顧自己喔，自己餓了不會自己去吃飽嗎？還要老婆餵吃飯？」

德美才不管春枝的取笑，逕自繼續抱怨，「媳婦都沒照三餐煮，我那天去他們家，冰箱竟然是空空，只有半條土司、幾枝菜、幾個雞蛋、一塊雞胸肉而已，廚房好像都沒有用過，我兒子是我仔細飼大漢，我看到這樣就生氣，我把我兒子交給她照顧，她竟然這樣對待我兒子！」

「哈哈哈！」春枝聽了，笑到眼淚都噴出來，「這樣講，你好像把自己當作兒子的查某嫺？你以為媳婦一定要接替你做新的查某嫺嗎？哈！哈！」

德美霎時眼冒金星，「你怎麼這樣講！做人家的家後就要盡心盡力照顧先生，我這樣要求我媳婦有什麼不對？我也是這樣做人家的家後啊！」

「你只對一半啦！做人家的先生也是要照顧太太啊！以前是男主外、女主內，現在是男女共同主外也主內，所以你不能要求媳婦像你當家庭主婦一樣伺候老公，話又說回來，像你們這種盡心盡力伺候兒子的全職媽媽常常養出生活上白癡低能的兒子……哈哈！讓她的太太非常辛苦！因為她有個茶來伸手，飯來張口，不動一跟手指頭做家事，而且不懂關心體貼妻子的丈夫。」春枝笑嘻嘻地說，但是德美可是聽得眉毛都豎起來了！

春枝看德美沒應她，又繼續說下去，「你買這些東西是要給你媳婦填冰箱嗎？」

「冰箱給她裝滿，我看她也不會煮，我現在是要去她們家煮，我打算以後每天都去煮飯給我兒子吃啦！」德美說。

春枝作出一個誇張驚訝的表情，「哇！你有問過你媳婦嗎？她與你兒子同意嗎？年輕人拼事業也不知道幾點才回到家，你這樣會給他們壓力啦！」

「再怎麼樣拼事業也是要吃飯啊！我已經打電話去給親家母，抱怨她女兒沒又做到太太的責任……」春枝一聽眉毛挑得更高，「人家的媽媽怎麼說？」

「她啊！沒有把女兒教好也無所謂，反而跟我說『我女兒從小就很會唸書，我就跟你一樣，從她小時候就盡心盡力伺候她長大，捨不得給她做家事，但是我相信她很聰明，讀書跟工作的能耐這麼高，一點家事難不倒她的！跟女婿一起學習婚姻生活，兩個人很快就會把家庭打理得很好……』然後她就說她很忙要出去上課了！」德美說完一臉悻悻然。

春枝又笑彎了腰，她心裡想今天一大早就可以笑這麼開心，真是不錯，笑嘻嘻對德美說：

「祝你煮飯愉快，與伺候兒子一切如意啦！」

高談文化、序曲文化、華滋出版 讀者回函卡

謝謝您費心填寫回函、寄回（免貼郵票），就能成為我們的VIP READER。未來除了可享購書特惠及不定期異業合作優惠方案外，還能早一步獲得最新的新書資訊。

姓名：＿＿＿＿ ○男 ○女 生日：＿＿年＿＿月＿＿日

E-mail：＿＿＿＿

職業：＿＿＿＿ 電話：＿＿＿＿ 手機：＿＿＿＿

[購買書名] ＿＿＿＿

[您從何處知道這本書]

○書店（□誠品 □金石堂） ○網路or電子報 ○廣告DM

○報紙 ○廣播 ○親友介紹 ○其他

[您通常以何種方式購書]（可複選）

○逛書店 ○網路書店 ○郵購 ○信用卡傳真 ○其他

[您對本書的評價]

（請填代號：**1.**非常滿意 **2.**滿意 **3.**普通 **4.**不滿意 **5.**非常不滿意）

○定價 ○內容 ○版面設計 ○印刷 ○整體評價

[您的閱讀喜好]

○音樂 ○藝術 ○設計 ○戲劇 ○建築 ○傳記

○旅遊 ○散文 ○時尚

[您願意推薦親友獲得我們的新書訊息]

姓名：＿＿＿＿ E-mail：＿＿＿＿

地址：＿＿＿＿ 電話：＿＿＿＿

[您對本書的建議] ＿＿＿＿

106-96

台北市大安區忠孝東路四段341號11樓之3

信實文化行銷有限公司　收

姓名：

地址：

廣告回函
台北郵局登記證
台北廣字第1061號